Mein besonderer Dank geht an Birgit D. für ihre wertvolle Unterstützung und ihre Zuversicht.

Michael E. Vieten

# Vom Schreiben und Lesen -
# Autor werden, Bücher schreiben

Vieten, Michael E., Vom Schreiben und Lesen – Autor werden, Bücher schreiben

Informationen über den Autor und seine Arbeit auf:
www.mvieten.de

Bibliografische Information der Deutschen Nationalbibliothek:
Die Deutsche Nationalbibliothek verzeichnet diese
Publikation in der Deutschen Nationalbibliografie;
detaillierte bibliografische Daten sind im Internet über
http://dnb.dnb.de abrufbar.

TWENTYSIX – Der Self-Publishing-Verlag
Eine Kooperation zwischen der Verlagsgruppe Rand-
om House und BoD – Books on Demand

© 2019 Vieten, Michael E.

Herstellung und Verlag:
BoD – Books on Demand, Norderstedt.

ISBN: 978-3740748111

Autor werden, sein und bleiben.

Ein Erfahrungsbericht über das Leben und Arbeiten als Buchautor. Eine Aufforderung und eine Ermutigung für alle, die es werden wollen.

## Inhalt

- Inhalt .................................................................. 6
- Vorwort ............................................................... 8
- AUTOR WERDEN ............................................. 11
- Wie alles begann ............................................. 11
- So ging es weiter ............................................. 15
- Mein Konzept .................................................. 19
- AUTOR SEIN ..................................................... 24
- Mein Arbeitsplatz ............................................ 24
- Word oder was? .............................................. 27
- Das Handwerk ................................................. 29
- Text überarbeiten ........................................... 36
- Benötigt man Talent? ..................................... 42
- Verlag oder nicht? .......................................... 44
- Agenturen ....................................................... 53
- Reden wir über Geld ...................................... 54
- Marketing ........................................................ 58
- Pressemappe ................................................... 66
- Lesungen ......................................................... 67
- Lesen ............................................................... 71
- Messen ............................................................ 73
- VG WORT ........................................................ 76
- AUTOR BLEIBEN .............................................. 77
- Glück gehabt .................................................. 77
- Weiter schreiben ............................................ 78
- Wettbewerbe .................................................. 79
- Teaser .............................................................. 80
- Zuschussverlage ............................................. 82
- Urheberrecht ................................................... 83
- Die Verbände .................................................. 84
- Bestseller ......................................................... 85

- Hilfe .................................................. 87
- Gemeinschaft ..................................... 92
- Amazon ............................................. 94
- Rezensionen ...................................... 96
- Werbung ........................................... 98
- Vom Schreiben leben ....................... 100
- Illegale Downloads ........................... 102
- Worüber schreiben? ......................... 103
- Wirkung ........................................... 105
- Leserbriefe ...................................... 106
- Pseudonym ...................................... 108
- Mantras ........................................... 110
- Kontakt ............................................ 112

**Vorwort**

Unter Literaturschaffenden wird sich gerne geduzt. Da du dich offenbar für dieses Buch interessierst, gehe ich davon aus, es mit einer oder einem Kollegen zu tun zu haben. Du schreibst vielleicht bereits erfolgreich und willst wissen, wie es anderen erging oder du hegst den Wunsch zu schreiben und möchtest dich darüber informieren, was dich in der Buchbranche erwarten würde. Womöglich zweifelst du und suchst Bestätigung oder du willst vielleicht erfahren, ob du ausreichend begabt bist oder womit du beginnen könntest.

Du bemerkst nach dem Lesen dieser ersten Zeilen wahrscheinlich bereits, der Konjunktiv wird hier häufig Verwendung finden. Das liegt daran, dass alles kann, aber nichts muss. Ich erzähle dir, wie es mir erging. Du könntest also ähnliche Erfahrungen sammeln oder ganz und gar andere. Vermutlich aber nicht die Gleichen. Das liegt in der Natur des Buchmarktes. Zwischen Welt-Bestseller und totalem Verriss und enttäuschender Erfolglosigkeit ist alles möglich. Auf Manches hat man Einfluss, auf Anderes nicht. Wie dem auch sei.

Ich freue mich, dass du hier bist.
Herzlich willkommen.

Dies ist keiner der unzähligen Schreibratgeber zur Erstellung eines Textes, auch wenn ich Beispiele von Stil und Arbeitsweise zur Veranschaulichung heranziehen werde. Es geht also nicht um Satzbau, Grammatik und Rechtschreibung, dafür empfehle ich einen guten Schreibkurs. Ich berichte auch nicht mit entrückt romantischer Betrachtung über meine angeblich „aufregende" Zeit, als ich noch kein weltberühmter Schriftsteller war. Ich bin nicht weltberühmt. Ich schlage mich jeden Tag mit den gleichen Problemen herum, die nicht hofierte Star-Autorinnen und Autoren nun mal bewältigen müssen. In diesem Buch erzähle ich aus den zurückliegenden Jahren meiner Arbeit als Autor und wie es mir gelang, meine Manuskripte als E-Book, Hörbuch und gedruckte Ausgaben in den Buchhandel zu bringen. Es geht um naive Anfänge, frustrierende Absagen, finanzielle Problemlagen und wie ich schließlich ein Konzept fand, mir ein befriedigendes Arbeiten und Leben als Autor zu gestalten. Außerdem beantworte ich die meisten der mir in Interviews und auf Lesungen oder in Signierstunden gestellten Fragen:

Verlag oder Self-Publishing?
Kann man vom Schreiben leben?
Wie lange braucht man, um ein Buch zu schreiben?
Woher kommen die Ideen?
Wie oft wird ein Text überarbeitet?
... und so weiter.

Auf wichtige Informationen für Autorinnen und Autoren, die auf diversen Internetseiten bereits zusammengetragen wurden und dort bereitgestellt werden, verweise ich, ohne deren Inhalt zu wiederholen. Folge gegebenenfalls bitte dem Link und lies dort selbst nach.

Ich schreibe für mehrere Verlage Romane und Erzählungen, selten mal ein Gedicht. Und jetzt ... Tataaa! Mein erstes und womöglich einziges Sachbuch.

Nachfolgende Auflagen werde ich dem künftigen Geschehen geschuldet aktualisieren, überarbeiten und gegebenenfalls erweitern. Getreu dem Leitgedanken dieses Buches: Autor werden, sein und bleiben.

## AUTOR WERDEN

### Wie alles begann

Gern geschrieben habe ich bereits als Jugendlicher. Allerdings existieren aus dieser Zeit nur noch wenige Texte. Ich hielt sie für unwürdig, erhalten zu bleiben, oder sie verschwanden nach einem Umzug auf wundersame Weise. Nicht ganz unschuldig an solcher Geringschätzung war der Lehrkörper an der Schule, die ich bis zu meinem 15. Lebensjahr besucht habe. Mir wurde eine überbordende Fantasie vorgeworfen und ich wurde dafür getadelt. Trotzdem gelang es mir immer wieder, mit ordentlichen Noten im Deutsch-Unterricht meinen Zeugnisdurchschnitt zu verbessern. An eine Karriere als Schriftsteller verschwendete ich seinerzeit keinen Gedanken. Ich trat stattdessen eine Ausbildung zum Hotelkaufmann an, wechselte später in die IT-Branche und gründete Jahre danach ein Unternehmen. Diese Firma habe ich inzwischen verkauft.

2006 trug ich mich das erste Mal mit dem Gedanken, meine Freizeitbeschäftigung zum Beruf zu erklären und die entstandenen Texte kommerziell zu nutzen. Ich wollte also nicht nur schreiben, sondern damit auch Geld verdienen. Berühmt werden wollte ich hingegen nie. Die Aufmerksamkeit der Leser sollte sich auf meine Werke richten, nicht auf meine Person. Ob sich diese Wünsche miteinander vereinbaren lassen, wird sich noch herausstellen. So stehe ich zum Beispiel nicht gerne in der Öffentlichkeit. Bei Lesungen und auf Messen lässt sich das aber nicht vermeiden. Auf Lesungen oder Messebesuche sollte man als Autor aber auch nicht verzichten. Ein Dilemma, auf das ich später noch eingehen werde.

Neben dem Schreiben habe ich immer schon gern gelesen. Das sollte auch so sein, denn es schadet nie, sich ein Beispiel an erfolgreichen Kolleginnen und Kollegen zu nehmen oder sich inspirieren zu lassen. Ich bevorzuge klassische Autorinnen und Autoren wie Pearl S. Buck, John Steinbeck, William Faulkner oder Robert Louis Stevenson. Aber ich lese auch zeitgenössische Literatur von Ulli Olvedi, Marie Sabine Roger, Paulo Coelho, T.C. Boyle oder Henning Mankell, um nur einige zu nennen. Ich muss regelmäßig Bücher aussortieren, wenn mal wieder alle Regale und Fensterbänke in meiner Wohnung vollgestellt sind.

Kopieren sollte man den Schreibstil anderer Autorinnen und Autoren allerdings nicht, studieren hingegen schon. Dabei erkannte ich schnell, meine Texte würden einer professionellen Beurteilung voraussichtlich nicht standhalten. Ich wollte das Handwerk erlernen. Die Freude am Schreiben und eine gewisse Begabung reichten nicht aus, auch wenn Familienmitglieder und Freunde das anders sahen.

Ich schrieb mich an einer Fernschule ein und belegte einen Kurs in einer Autorenwerkstatt. Nach dem Abschluss achtzehn Monate später fühlte ich mich (Text-) sicherer.

Im Jahr darauf begann ich damit, mein erstes professionelles Manuskript zu schreiben. Ich war jetzt Autor. Oder Schriftsteller? Oder beides?

Autor nennt man den Urheber eines sprachlichen Werkes. Also war ich Autor. Darüber besteht allgemeiner Konsens.

Wann aber ist man Schriftsteller? Wenn man den Begriff in eine Internet-Suchmaschine eingibt, erhält man als Antwort, ein Schriftsteller sei ein Verfasser eines literarischen Werkes. Also war ich Schriftsteller. Oder doch nicht?

Reicht es aus, eine Kurzgeschichte zu schreiben? Oder müssen es mehrere Romane sein? Müssen die Werke veröffentlicht werden? Müssen es etwa sogar Bestseller sein? Muss der Autor von seinen Tantiemen leben können oder gar erst reich und berühmt werden? Ich fand darauf keine abschließende Antwort. Also bezeichnete ich mich sicherheitshalber zunächst als Autor.

Heute verknüpfe ich den Begriff des „Schriftstellers" für mich persönlich mit der Ernsthaftigkeit, mit der ich meine Arbeit ausführe. Ein Schriftsteller veröffentlicht handwerklich einwandfreie und gewissenhaft erstellte Werke von einer anerkannten Schaffenshöhe und er wird gelesen. Seine Werke müssen sich dem Urteil der Leser stellen, sie müssen da draußen im Buchmarkt bestehen können. Mit Geld und Erfolg oder einer bestimmten Menge an Werken hat der Begriff „Schriftsteller" wenig zu tun.

J.D. Salinger (Der Fänger im Roggen) verfasste nur einen einzigen Roman. John Steinbeck (Pulitzerpreis, Nobelpreis für Literatur) lebte mit seiner Frau lange Zeit in äußerst bescheidenen Verhältnissen, Joanne K. Rowling soll vor dem Erfolg ihrer Harry-Potter-Romane von Sozialhilfe gelebt haben. Wer würde behaupten, all jene wären zu irgendeinem Zeitpunkt keine Schriftsteller gewesen?

Von mir wurden bis heute mehr als ein Dutzend Bücher und ein Hörbuch veröffentlicht. Ein weiteres Buch steht kurz vor der Veröffentlichung und an drei neuen Manuskripten arbeite ich gerade. Ja, auch ich war von Beginn an ein Schriftsteller.

**So ging es weiter**

Mein erstes vorzeigbares Manuskript war fertiggestellt. Es trug den Titel „Unheimliche Begegnungen – Aus der Zwischenwelt" und den Untertitel „10 Erzählungen von Menschen aus dem Diesseits mit Begegnungen aus dem Jenseits". Das Buch sollte im Genre „Mystery" erscheinen.

Ich hatte einen Klappentext und ein Anschreiben verfasst. Dann besuchte ich die Webseiten der Verlage auf der Suche nach deren Kontakt-Adressen und stellte fest, die verlangten für eingesendete Werke oft nur ein Exposé. Exposé? Wozu? Die brauchen doch nur meine Geschichten lesen. Ich will ja kein Haus verkaufen.

Es half nichts. Auf allen Autoren-Ratgeber-Webseiten las ich die Empfehlung, jenes leidige Exposé unbedingt zu verfassen. Na, schön. Dieses eine Mal. Danach, als Verlagsautor, braucht man das ja nicht mehr. Von wegen, ich habe später etliche Exposés geschrieben. Aber wenn man sich einmal eine Vorlage gebastelt hat, ist es nur noch halb so schlimm. Außerdem findet man im Internet reichlich Beispiele für das Verfassen von Exposés.

Ebenfalls überraschend für mich war die Forderung der meisten Verlage, nur wenige Seiten des Manuskripts als Leseprobe einzusenden. 5 oder 10 oder maximal 30. Wie soll man denn daran erkennen können, wie toll meine Geschichten waren? Egal. Tüte auf, Exposé, Manuskriptfragment und Anschreiben hinein und ab zur Post. „Wir melden uns bei Ihnen", stand auf deren Webseiten.

„Ok", dachte ich. „Bis gleich. Kann ja nicht lange dauern, bis die reagieren."

Es vergingen Monate. Der Verdacht, die Post hätte meine Sendungen gar nicht zugestellt, bestätigte sich nicht. Gemächlich trudelten einige Absagen ein. Viele Verlage haben sich bis heute nicht gemeldet. Die positivste Absage lautete: „... also, schreiben können Sie, aber leider passt Ihr Werk nicht in unser Programm."

So schmerzlich kann das sein, wenn Erwartungen auf die Wirklichkeit treffen. Überaus frustrierend. Die hatten da draußen nicht auf mich gewartet. Die hatten ihr Programm und das zogen die durch. Und jetzt?

Mittlerweile weiß ich, dass Verlage geradezu mit Manuskripten überschüttet werden. Auf dem deutschen Buchmarkt erscheinen jährlich bis zu 80.000 neue Bücher, trotz der seit Jahren rückläufigen Leserzahlen. Angesichts solcher Mengen stellt sich mir sofort die Frage: „Wer liest das alles?"

Hinsichtlich dieser ernüchternden Erkenntnisse fiel ich zunächst mal in ein emotionales Loch. Motivation war weg. Schreiblust auch. Aber beides kehrte bald zurück.

In einigen der Absagen teilten mir die Verlage mit, sie veröffentlichten keine Kurzgeschichten. Aha. Also nur Romane. Ich schrieb eine elfte Mystery-Geschichte und ließ den neu erschaffenen Protagonisten die zehn Erzählungen als Erzähler zusammenfassen. Das war zwar immer noch kein echter Roman, aber das Werk erschien zusammenhängender. Und Leser, die sich für kurze und abgeschlossene Geschichten interessierten, wurden ebenfalls bedient. Das überarbeitete Manuskript ging erneut auf die Reise zu den Verlagen.

Während ich auf die Antworten der Programmleitungen wartete, schrieb ich einen teilbiografischen Roman. „Das Leben und Sterben des Jason Wunderlich". Auch wieder mit Mystery-Elementen. Das war mein Ding damals.

Machen wir es kurz. Absagen. Sonst nix. Sowohl für die Erzählungen als auch für den Roman. Jetzt interessierte man sich plötzlich für Krimis. Herrgott!

Ich wollte niemals Krimis schreiben. Ich las kaum welche, und die Gelesenen gefielen mir meist nicht. Mich überzeugten weder die Figuren noch die Handlungsstränge oder die Spannungsbögen. Außerdem gab es davon zu viele. Jeden Tag sendete das Fernsehen zudem Dutzende Krimiserien. Ich fühlte mich überschwemmt von immer dem gleichen Muster. Leichenfund, Kommissar kommt, sucht Mörder, verhaftet Mörder. Gähn. An Langeweile nur noch übertroffen von Liebesromanen verfasst nach Schema F.

Nach meiner Überzeugung hatte ich doch etwas viel Besseres geschrieben. Etwas Aufregendes, Spannendes. Genreübergreifend. Erfrischend neu. Anders. Und genau das war das Problem. Was ich schrieb, passte nicht in das Programm klassischer Verlage. Das sind Wirtschaftsunternehmen. Cash-Maschinen. Da geht es um Profit. Und der Branche geht es seit Jahren miserabel. Insolvenzen, Übernahmen. Buchhandlungen schließen oder flüchten in den vermeintlich sicheren Schoß der verbliebenen Filialisten. Die Marktkonzentration schreitet voran. Die Großen schlucken die Kleinen. Vielfalt verschwindet. Die Tantiemen der Autoren sinken, die früher üblichen Vorschüsse werden von den Verlagen kaum mehr gezahlt. In einer im

Internet veröffentlichten Statistik habe ich gelesen, der durchschnittliche deutsche Autor verkauft 132 Bücher pro Titel im Jahr. Die TAZ titelte gar: „Hungernde Poeten"

Aber ist das neu? Nö. Eines der berühmtesten Gemälde der Welt, gemalt 1839 von Carl Spitzweg, trägt den Titel: (Trommelwirbel) „Der arme Poet"

Von heute etwa 7000 deutschsprachigen Autorinnen und Autoren können kaum mehr als 100 von ihrer Arbeit leben. Gleichzeitig tauchen in den Medien immer wieder Meldungen auf, die von überraschenden Bucherfolgen berichten. Joanne K. Rowling (Harry Potter). Amanda Hocking (Die Tochter der Tryll). E.L. James (Shades of Grey).

Für mich stellte sich also die Frage, wie gehe ich damit um? Weiter Manuskripte schreiben, einsenden und nach der Absage im Schreibtisch vergammeln lassen? Klingt nicht sehr verlockend.

**Mein Konzept**

An einem der folgenden Tage schaute ich im Vorabendprogramm eine TV-Sendung, in der Dieter Meier von „Yello" interviewt wurde. Du wirst dich vielleicht an das Elektropopduo mit erfolgreichen Titeln wie „Desire" und „The Race" noch erinnern. Nein? Egal. Ein Satz blieb mir jedenfalls sinngemäß in Erinnerung und bildete die Grundlage meines künftigen Vorgehens.

„Ein Künstler kann versuchen zu ergründen, was der Markt gerade verlangt und danach streben, genau das zu liefern. Aber wenn er damit scheitert, hatte er womöglich keine Freude an seiner Arbeit und Geld hat er auch keins. Ein Künstler kann aber auch einfach sein Ding durchziehen. Sollte er damit wirtschaftlich scheitern, hatte er immerhin seinen Spaß."

Na, also. Damit konnte man doch etwas anfangen. Anstatt ständig wechselnden Wünschen der Verlage oder Pseudotrends hinterherzulaufen, suchte ich nach meinem eigenen Weg. Den Bedarf der Branche nach Krimis wollte ich nicht gänzlich ignorieren und entwickelte eine Krimiserie, die es mir erlaubte, mit Freude daran zu schreiben. Ich verzichtete weitgehend auf Elemente, die meine Aufmerksamkeit beim Lesen von Krimis bis dahin strapaziert hatten. Also keine häufigen Rückblenden. Meine Polizeibeamten waren auch keine kaputten Typen, sondern dienstfähig und psychisch sowie physisch in der Lage Menschen zu beschützen und verantwortungsvoll eine Dienstwaffe zu führen. Und sie ermittelten in einem einzigen sauberen Handlungsstrang. Ich vermied es, den Leser meines Romans im Ungewissen zu lassen und auf den letzten Seiten dann einen Überraschungstäter zu servieren. Ich recherchierte Polizeiarbeit und lernte die Unterschiede zwischen Pathologie und Gerichtsmedizin und kriminaltechnischer Untersuchung. Ein Kommissar der Kriminalpolizei und die Pressestelle einer Kriminaldirektion gaben bereitwillig Auskunft über Dienstwege, die Arbeit der Staatsanwaltschaft und richterliche Beschlüsse. Kenntnisse über Dienstgrade und Ausbildung der Polizei, Bürgerrechte, Dienstwaffengebrauch, das Strafgesetzbuch, die Strafprozessordnung sowie Spurensicherung und Spurenauswertung musste ich mir mühsam aneignen. Bis dahin war all das ja nicht mein Fachgebiet. Ich paukte Dienst- und Belehrungsvorschriften und die Unterschiede zwischen Befragung und Vernehmung, Zeuge und Verdächtigem und Beschuldigtem. Stöhn. Plötzlich entdeckte ich in den Fernsehkrimis mangelhaft dargestellte Sachverhalte. Zum Beispiel dürfen in einer Befragung keine Fotos mit grausamen Details des Verbrechens vorgelegt werden, um einen Zeugen zu einer Aussage zu bewegen. Auch das im TV beliebte Schießen auf einen flüchtenden Verdächtigen ist verboten. Woher will denn der verfolgende Polizist wissen, warum derjenige davon läuft? Möglicherweise aus einem banalen Grund und ein unsauber abgegebener Schuss fügt einem Unschuldigen lebensgefährliche Verletzungen zu. Ich lernte auch einige Missstände bei der deutschen Polizei kennen und ich erfuhr, was eine Tat bei den beteiligten Menschen anrichtet und welche Traumata sie hinterlässt. Derart vorbereitet verspürte ich plötzlich große Lust, MEINE Krimis zu schreiben.

Der erste Band hieß „Atemlos – Beim Sterben ist jeder allein". Es folgte eine Fortsetzung „Atemlos – Von des Todes zarter Hand".

Inzwischen hatte ich erfahren, dass besonders Großverlage gerne mit Literaturagenten zusammenarbeiten. Diese Agenturen treffen im Grunde eine Vorauswahl der eingereichten Manuskripte und suchen den vermeintlich passenden Verlag dafür. Der wiederum freut sich dann über die Arbeitserleichterung, weil er die Kosten der Textprüfung „outsourcen" konnte.

Ich fasse mich erneut kurz. Für die beiden „Atemlos"-Bände kassierte ich nicht nur von den Verlagen Absagen, sondern auch von den angeschriebenen Agenturen. Den exakten Wortlaut der Absagen kann ich nicht mehr wiedergeben, es handelte sich überwiegend und erkennbar um Textbausteine, teilweise von Praktikanten versendet. Ich sparte mir nach den ersten Antworten die Zeit, die nachfolgenden zu lesen. Aber an zwei Schreiben erinnere ich mich noch ganz genau. An einem Tag erhielt ich die Absage einer Agentur mit der Aussage: „... der Mörder muss viel grausamer sein. Der Leser liebt die Abgründigkeit." Am Tag darauf traf die Absage einer zweiten Agentur für dasselbe Manuskript ein: „Der Mörder ist ja so was von grauslich, das kann man einem Leser nicht zumuten." Aha! Sehr erhellend.

Ich verschickte von nun an Exposés und Leseproben nur noch an Verlage und Agenturen, wenn die einen elektronischen Posteingang ermöglichten. Geld für Porto, Papier, Druckertoner und Briefumschläge war ich nicht mehr bereit zu investieren. Ich gestaltete eine Standard-E-Mail mit Exposé und 50 Seiten Textprobe als PDF-Dokument. Wenn jemand nur 5 oder 10 oder wie viele Seiten auch immer verlangte, dann sollte er eben nur die von ihm gewünschte Anzahl lesen. Extra-Würste gab es keine mehr.

Derweil schrieb ich einfach immer weiter und gab der Krimi-Serie einen neuen Namen. „Christine Bernard -". Gesprochen „Christin' Bernar'." Warum meine deutsche Kommissarin einen französischen Namen hat, erkläre ich in einem der folgenden Kapitel.

„Der Fall Siebenschön" war der mittlerweile dritte Band. Ich veröffentlichte ihn und alle vorhandenen Manuskripte als Self-Publisher nach und nach bei Amazon als Kindle E-Book und bei CreateSpace als Taschenbuch. Auf das selbst Veröffentlichen gehe ich später noch genauer ein.

Auf die Antworten von Verlagen wartete ich nicht mehr. Ich arbeitete bereits am vierten Band der Krimiserie „Christine Bernard - Das Eisrosenkind" und schrieb gleichzeitig am Manuskript eines neuen Romans „Das letzte Leuchten vor dem Winter", als ich Post vom Acabus-Verlag aus Hamburg bekam. Das Schreiben enthielt einen Buchvertrag für „Christine Bernard – Der Fall Siebenschön" verbunden mit der Option auf alle künftig erscheinenden Bände. Bingo! Und letzte Rille. Ich hatte bereits keine weiteren Manuskripte mehr an Verlage und Agenturen versendet und dies bis heute auch nicht mehr getan. Ich zog meine selbst veröffentlichte Ausgabe von „… Siebenschön" bei Amazon und CreateSpace zurück und der Acabus-Verlag freute sich über die schon vorhandenen positiven Rezensionen.

Seit 2015 arbeite ich als Hybrid-Autor und verbinde die Vorteile der Veröffentlichung über einen klassischen Verlag mit denen des modernen Self-Publishings.

## AUTOR SEIN

### Mein Arbeitsplatz

Ich schreibe Zuhause im Wohnzimmer. Dort befindet sich mein Schreibtisch. Gleich daneben das Regal mit den Büchern, die mich bei meiner Arbeit unterstützen:
Der „Wahrig", ein deutsches Wörterbuch.
Der „Duden", die deutsche Rechtschreibung.
„Sag es treffender", ein Synonymwörterbuch.
„Grundbegriffe der Literatur", ein Lexikon.
„Fremdwörter", ein Lexikon.

Darüber hinaus stehen mir dutzende Sachbücher unterschiedlicher Fachgebiete zur Verfügung:
Oper, Operette, Musical
Navigation, Fotolehre, Kraftfahrzeugtechnik, Seefahrt
Fremdsprachen, Lexikon der Küche, Mikroelektronik
Horoskope, Tierkreiszeichen, Tarot, Lenormand
Handbuch der Kartendeutungen, Magie der Hexen, Traumdeutung
Medizin, Kriminalistik, Pathologie, Gerichtsmedizin
Naturführer, Überlebenstraining
Deutsche Lyrik, Politik, Philosophie, Wirtschaft

Die vollständige Liste würde den hier zur Verfügung stehenden Rahmen sprengen. Hinzu kommen noch die wunderbaren Bücher von Kolleginnen und Kollegen aus der Belletristik. Und ja, ich habe diese

Bücher und die, die ich aus Platzgründen bereits weggeben musste, alle gelesen.

Mein Schreibtisch steht in einer Zimmerecke. Wenn ich daran sitze und den Blick hebe, schaue ich durch zwei große Fenster ins Grüne. Ich sehe dann einen Bauerngarten, dahinter die Kronen von Sommerlinden und in der Ferne die Gipfel des Hunsrück-Hochwalds. Rechts von mir befindet sich eine gläserne Tür und gibt den Blick frei auf die Terrasse, die Straße und die Häuser meiner Nachbarn. Ich beschreibe die Szenerie deshalb so ausführlich, weil ich damit ausdrücken möchte, dass ich eine angenehme Umgebung benötige. Nur darin kann ich die höchste Leistung erbringen und das ist auch nötig, um Texte zu verfassen, die sich am umkämpften Buchmarkt behaupten sollen.

Es ist still. Mich stört beim Formulieren jedes Geräusch. Vor allem belästigt mich der Lärm motorbetriebener Gartengeräte. Ich schätze den Sommer deswegen weniger als die drei verbleibenden Jahreszeiten. Ich schreibe gern bei Dämmerlicht im Kerzenschein und bei Regen, Schneefall oder Nebel. Bei Sonnenschein lasse ich die Rollläden an den nach Süden gerichteten Fenstern herunter. Die Helligkeit würde mir das Ablesen des Bildschirms erschweren.

Ich schreibe am Computer und verwende eine hochwertige mechanische Tastatur mit Tastenhub und Hintergrundbeleuchtung. Der Bildschirm ist so groß, dass ich zwei DIN A4-Seiten in Originalgröße nebeneinander anzeigen lassen kann. Das ist sehr komfortabel, insbesondere beim Überarbeiten eines Textes.

Während ich schreibe, trinke ich gerne ein Getränk mit Zucker. Das Hirn braucht schließlich Energie. Eine

„Sitzung" dauert meist vier bis sechs Stunden, manchmal auch acht. Ich unterbreche nicht für längere Pausen. Meine beste „Schreibzeit" ist zwischen 10:00 und 18:00 Uhr. Davor und danach bin ich weniger kreativ. Außerhalb meines Arbeitsplatzes arbeite ich nicht an Texten. Während ich schreibe, trinke ich keinen Alkohol. Texte unter Alkoholeinfluss halten einer nüchternen Betrachtung meiner Meinung nach nicht stand. Es mag da Ausnahmen geben, aber ich kenne keine.

Ich kommuniziere nicht, während des Schreibens. Kein Handy, keine E-Mails, kein Telefon. Fernseher und Radio bleiben aus. Ich muss meinen Text „hören" und „erleben".

**Word oder was?**

Ich verwende Microsoft Word zum Verfassen meiner Manuskripte. Das Programm ist weltweit Industriestandard und wird von vielen Verlagen eingesetzt. Ich bevorzuge nicht die neueste Version. Vorgängerversionen sind ausgereifter und belästigen mich nicht mit Softwarefehlern.

Das Menü-Band wird eingeklappt. Die Navigationsleiste links zeigt die Kapitelnamen. Rechts bleibt der Thesaurus geöffnet. Die Taskleiste des Betriebssystems lasse ich ausblenden. Vor mir befindet sich nur ein weißes Blatt. In der Kopfzeile stehen mein Name und der Arbeitstitel des Manuskripts. In der Fußzeile werden die Seitenzahlen angezeigt. Ich bevorzuge nicht proportionale Schriftarten mit Serifen wie „Courier New". Die Vorlage für das von Verlagen empfohlene Format „Normseite" habe ich aus dem Internet heruntergeladen. 60 Zeichen pro Zeile, 30 Zeilen auf der Seite, Zeilenabstand 24 Punkte. Die Absatzkontrolle ist eingeschaltet.

Es gibt neben Word noch andere Schreibprogramme auf dem Markt. Auch in den Bürosuiten Libre-Office, Open-Office und Softmaker-Office findet man leistungsfähige Anwendungen zum Erfassen von Texten. Teilweise kostenlos. Daneben werden zahlreiche Spezialanwendungen für Autoren angeboten. Papyrus-Autor, Scrivener und Zen-Writer zum Beispiel. Das sind Textverarbeitungen mit Funktionen, die einem das Planen und Bearbeiten von Manuskripten erleichtern sollen. Man spricht auch von Autorensoftware. Ich verwende neben Word auch Papyrus-Autor, aber dazu später mehr.

Es wird zwar von allen Software-Anbietern behauptet, dass die erzeugten Dateien kompatibel zu Microsoft Word-Dokumenten seien, in der Praxis traten bei mir aber immer wieder erhebliche Konvertierungs- und Kompatibilitäts-Probleme auf. Ich will an dieser Stelle nicht näher darauf eingehen, aber sie waren zahlreich und bescherten mir in Vergangenheit unangenehme Überraschungen. Vor allem in Zusammenarbeit mit dem Lektorat oder beim Erstellen eines Buchblocks. Eine Kollegin verlor durch einen Datenbankfehler sogar viele Seiten unwiederbringlicher Texte. Deswegen speichere ich jede Änderung meines Manuskripts und führe am Ende jeder Sitzung eine Datensicherung durch. Egal, mit welcher Anwendung ich arbeite.

**Das Handwerk**

Wenn ich eine Idee zu einem neuen Buch habe, lege ich eine Datei mit Normseiten an und notiere mir darin alle Überlegungen und Einfälle. Mit der Zeit entsteht ein Dokument gefüllt mit Textfragmenten, Internet-Links und Recherche-Hinweisen. Sobald ich genügend „Material" zusammen habe, ordne ich die Textschnipsel und lege den Rahmen der Handlung der Geschichte fest. Was ist passiert oder soll passieren? Wer tut was wo und woraus besteht der Konflikt? Wie lautet die Botschaft des Buches? Dann beginne ich zu schreiben. Ich tippe einfach drauflos, gerade so, wie mir der Text in den Sinn kommt. Außer notwendigen manuellen Zeilenumbrüchen und Absätzen unterlasse ich jegliche Art der Formatierung. Lediglich den Kapitelnamen weise ich das Format „Überschrift 1" zu. Ich habe dazu die Standard Formatvorlage angepasst. Schriftart „Courier New", Schriftstärke „Fett". Angezeigte Rechtsschreibfehler korrigiere ich. Wenn mir ein Grammatikfehler auffällt, berichtige ich ihn. Darüber hinaus prüfe ich während der kreativen Phase des Schreibens meinen Text nicht.

Es existiert ein wunderbarer Vergleich zwischen Gärtnern und Architekten, der die grundsätzliche Arbeitsweise von Autoren beschreibt. Ich bin ein Gärtner. Ich setze eine junge „(Text-) Pflanze" und erlebe, wie die Geschichte „wächst", also voranschreitet. Ich lasse mich führen und gewähre meinen Protagonisten Raum. Die Figuren dürfen sich entwickeln. Das Geschehen darf „passieren" während ich es schreibe. Manchmal führt es zu ganz wunderbaren Entwicklungen, die mir bei der Planung nicht eingefallen wären. Ich beobachte, reagiere, weise in die gewünschte Richtung. So kann es vorkommen, dass Figuren überleben, die ich für tot erklärt habe. Jörg Rottmann zum Beispiel. Er hatte in den „Atemlos"-Bänden seinen Auftritt und sollte den zweiten Band nicht überleben. Da er aber einen überaus gegensätzlichen Charakter zu den übrigen Figuren darstellte, bereicherte der Hauptkommissar das Ermittlerteam und bot die Möglichkeit, sich an ihm zu reiben. Er ist ein Rüpel, ein Macho und ein Dickkopf. Er spricht politisch unkorrekt und ignoriert bisweilen Vorschriften und Weisungen. Man kann ihn ablehnen oder überaus reizvoll finden. Das bleibt dem Leser überlassen.

Architekten hingegen bauen ein „(Text-) Gerüst" und legen die Handlung sehr genau fest. In das Gerüst schreiben sie dann das Geschehen und das Agieren der Figuren. Einen „Architekten" hätte Jörg Rottmann nicht überlebt.

Ein großer Verlag suchte vor einigen Jahren Autorinnen oder Autoren, die einen Roman nach exakten Vorgaben verfassen sollten. Ich habe das Angebot abgelehnt.

So viel Freiheit, wie ich meiner Geschichte zugestehe, verweigere ich der Persönlichkeit der Figuren. Die inneren Werte und Äußerlichkeiten werden in einem Charakter-Set exakt festgelegt. Wer sieht wie aus? Wo kommen er/sie her? Wie denken er/sie? Wer sind die Eltern? Partner? Besonderheiten?

Nehmen wir als Beispiel Christine Bernard. Die attraktive Frau Ende Zwanzig ist in Luxemburg geboren, in Deutschland aufgewachsen, lebte in Wittlich und wurde dort zur Polizistin ausgebildet. Nach dem Tod ihrer Eltern bewarb sie sich um eine Versetzung von der Polizeidirektion Wittlich zur Kriminaldirektion nach Trier. Die Planstelle als Kommissarin wurde überraschend frei, nachdem ihr Vorgänger verstorben war. Sie befand sich im Urlaub, als sie von ihrem künftigen Vorgesetzten Hauptkommissar Kluge über die Zusage informiert wurde. Es beruhte also auf Glück und Zufall, dass sie die Stelle bekommen hat. Nicht etwa weil sie so tough daher kam. Zu allem Unglück und der Trauer über die verstorbenen Eltern wurde sie von ihrem Freund betrogen und die Beziehung scheiterte. Sie suchte in Trier nach einem Neuanfang. Das deckt sich mit oft erlebten Erfahrungen der Leser. Christine ist wie die meisten Menschen dunkelhaarig, ihre Augenfarbe ist braun. Sie scheitert, leidet, hofft und bangt, aber ihr gelingt auch vieles. Das lässt sie beim Leser sympathisch erscheinen. Ihre Mutter war Portugiesin, in Luxemburg leben viele Portugiesen. Von ihr hat Christine ihre etwas dunklere Hautfarbe geerbt, die sie leicht südländisch wirken lässt. Der Vater wurde in Luxemburg an der französischen Grenze geboren und lebte dort mit seiner kleinen Familie, bis Christine in die Schule kam. Deswegen wird der Name der Kommissarin wie im Französischen üblich Christin' Bernar' ausgesprochen. Sie genoss ein liebevolles Verhältnis zu ihren Eltern, geprägt von Vertrauen und Verständnis. Familie Bernard zog nach Deutschland um. Das Frankophile in der Krimiserie ist bewusst angelegt. Alles Französische ist in der Welt überwiegend positiv besetzt. Die unbekümmerte Lebensart. Paris, die Stadt der Liebe. Der rote Wein. Der zarte Käse. Das knusprige Baguette. Die elegante Mode und das duftende Parfüm. Und natürlich der aufreizende Akzent französischer Frauen, wenn sie in einer anderen Sprache sprechen. Christine ermittelt im Grenzgebiet zwischen Deutschland, Luxemburg, Frankreich und Belgien. Dieser Umstand liefert ausreichend Stoff für viele Romane. Es gibt auch noch keinen ARD-Tatort aus der Region Trier-Mosel-Hunsrück. Vielleicht nimmt ein Sender irgendwann die Nebenrechte wahr. Solche Überlegungen gehen der Einführung einer meiner Figuren voraus. Alle Protagonisten brauchen einen festgelegten Lebenslauf. Sonst kann es passieren, dass jemand als schwarzhaarige Furie startet und am Ende der Geschichte als blondes Dummchen endet, weil der Autor vergessen hat, was er 500 Seiten zuvor geschrieben hat. Aufmerksame Leser bemerken solche Fehler.

Während des Schreibens achte ich auf das Anheben und Absenken des Spannungsbogens und lasse die Ereignisse zügig voranschreiten. In meinen Beschreibungen spreche ich alle menschlichen Sinne an. Sehen, hören, riechen, schmecken, fühlen. Im Grunde folge ich den Lehren aus der Autorenwerkstatt und ergänze sie mit den Erkenntnissen, die ich durch das Lesen erfolgreicher Bücher hinzugewinne. Den Prozess des Erlernens des Handwerks sollte jeder Autor durchlaufen. Seine Leser werden es ihm danken. An dieser Stelle erinnere ich noch einmal an die Teilnahme an einem guten Schreibkurs. Die gewonnenen Kenntnisse mindern später leidvolle Erfahrungen, die durch Kritik an unreifen Texten mitunter sehr schmerzhaft ausfallen können.

Ich recherchiere gründlich und schreibe vorzugsweise über das, was ich kenne. Inzwischen findet man auch im Internet mithilfe von Suchmaschinen und Webseiten wie Wikipedia hilfreiche Unterstützung bei der Überprüfung von Sachverhalten und Ereignissen.

Textübernahmen aus fremden Quellen sind allerdings absolut tabu. Ich habe keine Lust, mich irgendwann einem Plagiatsvorwurf ausgesetzt zu sehen oder eine Urheberrechtsklage abwehren zu müssen. Es gab vor Jahren den prominenten Fall einer Kollegin, der zeigt, dass Urhebern und Rechteinhabern effiziente Instrumente zur Verfügung stehen, Textkopien im Internet zügig zu ermitteln. Ich kann ebenso gut formulieren wie all die anderen Autorinnen und Autoren. Ich muss mich nur bemühen. Inspirieren lassen darf man sich natürlich. Man kann sich gar nicht dagegen wehren. Einflüsse aus fremden Werken, seien es Filme oder Bücher oder Musik, lassen sich kaum vermeiden. Inspiration ist ja auch erwünscht. Anderenfalls fiele einem ja irgendwann nichts mehr ein.

Meine Ideen entnehme ich meinem Alltag. In allem was ich höre, sehe, lese und erfahre stecken Beispiele für mögliche Handlungen in einer neuen Geschichte. Ich brauche sie nur aufsammeln. Mir fiel es immer schon leicht, eine Geschichte zu erfinden. Mir reichen wenige Stichworte und der Film im Kopf startet. In dem Filmdrama „Jenseits von Afrika" von Sydney Pollack gibt Karen Blixen, gespielt von Meryl Streep, ein passendes Beispiel. Ihre große Liebe Denys Finch Hatton, gespielt von Robert Redford, nennt ihr einige scheinbar zusammenhanglose Begriffe und wünscht sich, von ihr daraus eine Geschichte erzählt zu bekommen. Der erste Satz lautete: „Ein heimatloser Chinese namens Shen Nuan, der in Limehouse wohnte, und ein Mädchen namens Shirley." Karen beginnt zu erzählen und füllt mit ihrer Fantasie gekonnt einen unterhaltsamen Abend.

Ganz nebenbei. Mir gefallen Geschichten besonders gut, die in Filmen oder Büchern von einem Erzähler vorgetragen werden. Ich lasse mir auch heute noch gerne vorlesen.

Am Ende eines Manuskripts notiere ich mir wichtige Hinweise für meine Arbeit an der Geschichte. Die Namen der Personen zum Beispiel. Oder deren Funktion, Beruf, Dienstgrad oder Familienstand. Ebenso Internet-Links zu Webseiten die Informationen zur Recherche enthalten. Auch Vorschläge, Wünsche und Beispiele zum künftigen Cover. Danach erstelle ich den Klappentext. Er sollte so kurz wie möglich und so lang wie nötig sein. Dieser Text muss das Buch in wenigen Sätzen zusammenfassen, damit ihm der interessierte Leser entnehmen kann, was ihn erwartet. Ich füge eine Botschaft hinzu und eine Kurzbeschreibung. Als Beispiel darf an dieser Stelle der Klappentext meines Romans „Handbuch zur Rettung der Welt" dienen:

Botschaft: „Verliere nicht die Hoffnung". Deshalb:
„Schaue nicht nach Westen, schaue nach Osten. Dort geht jeden Morgen eine neue Sonne auf."

Klappentext:
Was erwartet die Menschheit, wenn sie weitermacht, wie bisher?
Anthropozän 2050. Ende des Industriezeitalters.

Es ist genau das passiert, was jeder Mensch hätte wissen müssen. Die Menschen haben die Erde der Gier, der Selbstsucht und der Ignoranz geopfert. Die Umwelt ist größtenteils zerstört. Unbesiegbare Keime, Kriege, Hungersnöte und eine verheerende Pandemie haben den überwiegenden Teil der Menschheit dahingerafft. Der Rest kämpft allein oder in kleinen Gruppen ums Überleben. Jeder ist sich selbst der Nächste. In dieser feindlichen Umgebung lebt die junge Mila in der Hoffnung auf ein fernes Hochtal, in dem die Natur noch intakt sein soll. Mit dem alten Josh macht sie sich auf den gefährlichen Weg und kämpft mit den schrecklichen Folgen des Unterlassens und der Ignoranz der Menschen des 21. Jahrhunderts.

Kurzbeschreibung:
Ein Roman über ein großes Abenteuer, verzweifelte Hoffnung, grenzenlose Zuversicht und aufrichtige Freundschaft.

Das wünschen sich im Grunde alle Menschen und so sehnen sich natürlich auch meine Leser danach und möchten von dem Streben der Helden im Roman nach Abenteuer, Hoffnung, Zuversicht und Freundschaft erzählt bekommen.

**Text überarbeiten**

Nachdem ich ein Manuskript fertiggestellt habe, gönne ich mir eine kurze Pause von zwei oder drei Tagen. Der Text „ruht". Dann beginne ich mit der Überarbeitung. Denn zu diesem Zeitpunkt sind meine Erinnerungen an die Protagonisten und das Geschehen und die Zusammenhänge noch frisch. Ich überarbeite Lesefluss, Textmelodie, Wortwahl und Ausdruck. Der Text wirkt danach „harmonischer". Ich lese ein Manuskript in den darauf folgenden Wochen so oft, bis mir ein Durchgang gelingt, ohne Änderungen vornehmen zu müssen. Erst dann bin ich mit dem Text zufrieden. Üblicherweise lese ich mein eigenes Buch während dieses Überarbeitungsschrittes bis zu zehn Mal. Dann speichere ich die Datei, erstelle eine Kopie und öffne sie mit der Autorensoftware „Papyrus-Autor". Darin enthalten sind die Grammatikprüfung „Duden-Korrektor" (Interpunktion, Groß-, Kleinschreibung, Kongruenz etc.), eine „Stilanalyse" (Wortwiederholungen, Verbfaulheit, Konjunktionen usw.) und eine „Lesbarkeitseinschätzung" (geprüft werden Satzlänge, unnötige Fremdwörter, komplizierte Fachbegriffe). Die Anwendung verfügt über eine Vielzahl weiterer Funktionen wie zum Beispiel der Möglichkeit, nur die wörtliche Rede anzeigen zu lassen und sie enthält eine umfangreiche Synonymdatenbank. Mithilfe dieser Werkzeuge überarbeite ich mein Manuskript erneut und speichere es am Ende als Kopie. Aus dieser Kopie entferne ich meine Notizen und den Klappentext. Dadurch erhalte ich den Rohtext zur weiteren Bearbeitung. Im nächsten Schritt der Überarbeitung lasse ich mir das Manuskript von einer Vorlese-Software vortragen. Die von mir bevorzugte Stimme liest nun Wort für Wort und Buchstabe für Buchstabe. Auf diese Weise werden Text-Fehler aufgedeckt, die mir beim bisherigen Überarbeiten nicht aufgefallen sind. Falsche Wörter, die eine Grammatiksoftware nicht reklamieren würde. „Kirche" und „Kirsche" zum Beispiel. Beide Begriffe sind zwar korrekt geschrieben, je nach Zusammenhang womöglich aber trotzdem falsch. Unser Gehirn besitzt eine Eigenschaft, die beim Lesen falsch geschriebene oder fehlende Wörter ersetzt und korrigiert.

Hier ein Beispiel:

„Ud ksatnn desien Txte lnese, owbhol re fschal gschiereben its."

„Mustererkennung" lautet der Fachbegriff. Deswegen findet man in jedem Buch Fehler, obwohl der Text dutzendfach von verschiedenen Personen überprüft wurde. Solche Fehler höre ich während dieses Bearbeitungsschrittes nun heraus, weil der Computer Buchstabe für Buchstabe lesen muss, um Wort für Wort formulieren zu können. Der Sinn des Textes erschließt sich dem Algorithmus allerdings nicht und leider verbleiben immer noch schwer hörbare Fehler im Dokument. „Lief" und „ließ" zum Beispiel oder „fiel" und „viel". Diese Worte klingen phonetisch derart ähnlich, dass man den Unterschied schnell überhört.

Deswegen drucke ich im folgenden Schritt meiner Überarbeitung den Text komplett aus und gebe ihn einer geduldigen und gewissenhaften Person zum

Lesen. Von ihr wird der Text nun zweimal geprüft. Zunächst Wort für Wort, Satz für Satz und Absatz für Absatz auf der Suche nach den letzten Grammatik-, Semmantik- (Wortbedeutung) oder Rechtsschreibfehlern und dann noch einmal auf der Suche nach Logikfehlern, Stilschwächen, Glaubwürdigkeit und zweifelhaften oder missverständlichen Sachverhalten. Nach einigen Wochen erhalte ich das Manuskript zurück und es befinden sich etliche rote Markierungen darin. Ich korrigiere dann die letzten Fehler in meinem Text und lege drei Datensicherungen an. Auf einem Server, auf einer externen Festplatte und in einer Internet-Cloud, falls mal das Haus abbrennt. Dann übersende ich das Manuskript mit einem freundlichen Schreiben an die Programmleitung meines Verlags. Vom Tippen der ersten Buchstaben bis hierher sind etwa drei bis sechs Monate vergangen. Wenn der Verlag interessiert ist, erhalte ich einige Wochen später einen Buchvertrag. Anschließend beginnt eine Lektorin oder ein Lektor mit dem Lektorat. Je nach Inhalt eines Manuskripts muss ein Fachlektorat hinzugezogen werden. Das kann bei komplexen Sachverhalten oder bei Fachbüchern nötig sein. Mein Text wird also erneut geprüft und es werden Überarbeitungsvorschläge unterbreitet. Das können Dutzende oder gar Hunderte sein, je nachdem, wie umfangreich der Text ist. Ich erhalte nach einigen Wochen mein Manuskript im Anhang einer freundlichen E-Mail zurück mit der Bitte um Bearbeitung. Meine Datei wurde vom Lektorat um eine Funktion erweitert. Unter „Änderungen nachverfolgen" kann man sie im Menü von Microsoft Word einschalten. Jede Änderung am Text wird nun protokolliert, damit meine Lektorin und ich sofort erkennen können, welche Korrekturen vom jeweils anderen vorgenommen wurden. An dieser Stelle möchte ich noch einmal auf die Wichtigkeit der Kompatibilität von Text-Dateien zu den in Verlagen verwendeten Anwendungen hinweisen. Kaum jemand verspürt große Lust, sich mit inkompatiblen Funktionen oder Konvertierungsfehlern herumzuschlagen.

Die Änderungswünsche meiner Lektorin können vielfältig sein. Nicht selten wird gerungen und diskutiert. Der Autor kann Änderungsvorschläge annehmen oder ablehnen. Aber das letzte Wort hat immer der Verlag. Er geht das wirtschaftliche Risiko ein, also besteht er auf dem Recht der abschließenden Entscheidung. Zur Verdeutlichung des Prozesses hier zwei Beispiele:

Ich schrieb: „... Flugzeuge blinkten sich über den Nachthimmel."

Reklamation des Lektorats: „Blinken" ist kein Bewegungswort. Änderungsvorschlag: „Flugzeuge fliegen über den Nachthimmel."

Ich war nicht einverstanden, weil „Blinken" verdeutlichen sollte, dass man die Flugzeuge am Nachthimmel eben nicht sah, sondern anhand der blinkenden Positionslichter nur erahnen konnte. Die besondere Stimmung beim Blick aus dem Fenster in den dunklen Nachthimmel sollte vermittelt werden.

Es ging hin und her. Am Ende einigten wir uns auf: „Flugzeuge zogen blinkend über den Nachthimmel."

In einem zweiten Beispiel ging es um Lieblingswörter. Viele Autorinnen und Autoren neigen zu solchen Lieblingswörtern. Das von meiner Lektorin reklamierte Wort lautete „rollen". Dreizehn mal auf 300 Seiten erschien ihr zu viel. Nun ist „rollen" aber ein Wort, mit dem ich das langsame Dahinfahren ohne große Aufmerksamkeit des Fahrers für das Geschehen um ihn herum beschrieben hatte. In Gedanken, sozusagen, wie man es tut, bis man vor einer roten Ampel sein Auto endgültig abbremst. Ich lehnte die Änderungsvorschläge ab und argumentierte mit einem Beispiel-Absatz, geschrieben von einem meiner prominenten Kollegen, dessen Buch jüngst von einem Großverlag veröffentlicht wurde. In diesem einen Absatz genehmigte ihm sein Lektorat gleich mehrfach das Wort „rammte".

Ich unterlag am Ende dennoch und änderte die Hälfte der von mir verwendeten „rollen" in sinnverwandte Begriffe ab.

Ich fühle mich durch solche harmlosen „Scharmützel" nicht in meiner Autorenehre gekränkt oder in meiner Freiheit beschränkt, sondern verstehe diese Zusammenarbeit als überaus bereichernd. Im Nachhinein oft erheiternd. Ich bin Autor und kein Lektor. Autoren können unterhaltsame und spannende Geschichten erzählen, wenn möglich in einem allgemein anerkannten Deutsch. Lektorinnen und Lektoren hingegen sind Sprachwissenschaftler, Akademiker. Nicht selten Germanisten oder Literaturwissenschaftler. Wir brauchen uns gegenseitig. Sie können keine Geschichten erzählen und ich gerate bei „Reduplikationsbildungen mit Ablaut" ins Überlegen, worum es dabei noch mal genau ging. Die deutsche Sprache verfügt eben über eine bisweilen komplizierte Regelstruktur.

(Merke: Wörter mit Reduplikationsbildung = „Bonbon, Zackzack". Wörter mit Reduplikationsbildung und Ablaut = „Dingdong, Zickzack".)

Wo war ich stehen geblieben ...? Ach, ja.

Es finden drei Durchgänge für das Lektorat statt, wobei der letzte nur noch aus dem Lesen des fertigen Buchblocks besteht. Im Grunde also nur ein abschließendes Genehmigen meinerseits bevor die Auflage gedruckt wird. Zu diesem Zeitpunkt erhalte ich auch die Vorschläge für das Cover. Auch dabei hat der Verlag das letzte Wort. Was soll ich mich also lange mit Nörgeleien aufhalten? Ich sage, was ich zu sagen habe und lasse den Verlag machen. Bisher ist alles zur Zufriedenheit der Beteiligten gelaufen. Das Cover des einen Buches gefiel mir besser als das eines anderen, aber subjektives Gefallen liegt immer im Auge des Betrachters. Die Entscheidung des Lesers vorhersagen zu wollen halte ich für kaum möglich. Und tatsächlich wurde ausgerechnet jenes Cover am besten angenommen, welches mir zu Beginn am wenigsten zugesagt hat.

**Benötigt man Talent?**

Kommen wir zu der Beantwortung einer der am häufigsten an mich gerichteten Fragen. Benötigt man Talent, um ein Buch zu schreiben. Ich denke ja. Ich nenne es aber lieber Begabungen und die bilden die Grundlage für die erforderlichen Fähigkeiten. Du solltest in der Lage sein eine Geschichte zu erzählen, die andere Menschen gerne lesen möchten. Erinnere dich an Karen Blixen in „Jenseits von Afrika". Dazu musst du deinen Text in einem vertretbaren Deutsch aufschreiben können. Für beides benötigst du also Fantasie und Grammatik- und Rechtschreibkenntnisse. Das Überarbeiten verlangt dir Disziplin, Gewissenhaftigkeit und Ausdauer ab. Der bekannte Horrorautor Stephen King soll mal gesagt haben, die Geschichte schreibt man für sich, überarbeiten muss man für den Leser. Das hat etwas mit Respekt zu tun. Originalzitat einer Lektorin: „Man sollte den Leser mit Texten verschonen, die auf der Kenntnisebene eines Zehnjährigen verfasst wurden." Ein Aspekt bei der Entscheidungsfindung der Programmleitung eines Verlages, welches Manuskript angenommen wird, ist nämlich, wie groß der zu erwartende Bearbeitungsaufwand sein wird. Das Lektorat ist schließlich teuer.

Wer mit anderen erfolgreich zusammenarbeiten möchte, sollte zudem teamfähig sein. Die Zeiten exzentrischer Literatur-Koryphäen sind vorbei. Bedenke, dein eingereichtes Manuskript wird eines von Tausenden sein die Verlage jedes Jahr erhalten.

Im Übrigen solltest du beständig sein. Verlage wollen längere Zeit mit dir zusammenarbeiten und erwarten weitere Manuskripte in mindestens gleichbleibender Qualität. Kannst du die liefern?

Das Handwerk kann man erlernen, wer aber begünstigende Eigenschaften besitzt, dem wird es leichter fallen, veröffentlichungsreife Manuskripte zu erstellen.

**Verlag oder nicht?**

Es kann sein, dass du entscheiden musst, ob dein Buch in einem klassischen Verlag oder bei einem der modernen Selfpublishing-Verlage erscheinen soll. Für beides gibt es Argumente. Beginnen wir mit dem klassischen Verlag.

Wie du ein Manuskript verfasst und es einem Verlag anbietest, habe ich bereits an meinem Beispiel beschrieben. Auch die Zusammenarbeit mit dem Lektorat.

Ein klassischer Verlag bietet dir viele Vorteile. Er lässt dein Manuskript begutachten und arbeitet mit dir daran. Der Verlag vergibt eine ISBN (International Standard Book Number) ohne die dein Buch beim Händler nicht bestellbar wäre. Der Verlag lässt es drucken und lagert die Auflage ein, er trägt es im VLB (Verzeichnis lieferbarer Bücher) ein und sendet zwei Pflichtexemplare an die Deutsche Nationalbibliothek und er sorgt dafür, dass der Buchhandel dein Buch beim Großhandel (Barsortiment) bestellen kann. Ein Verlag erstellt dein E-Book und liefert es an die Online-Shops aus. Der Verlag bewirbt dein Buch, stellt es auf Messen aus und er verfügt über einen Außendienst, der den Handel aufsucht und dein Buch vorstellt. Du erhältst eine vereinbarte Anzahl Freiexemplare. Ein Verlag nimmt die Nebenrechte (fremdsprachige Ausgaben, Hörbücher, Filmrechte etc.) wahr und organisiert Lesereisen und Signierstunden. Es gibt immer noch Verlage, die dir einen Vorschuss zahlen, auch wenn deren Anzahl und die Höhe der Einmalzahlungen abnehmen. Dies und vieles mehr bilden die Leistungen, die dir ein klassischer Verlag bieten kann.

Entscheidest du dich dafür, dein Buch selbst zu veröffentlichen, kannst du diese Leistungen eigenhändig erbringen oder für einzelne Arbeiten Aufträge vergeben. Lektorat oder Coverdesign zum Beispiel. Das alles kostet jedoch viel Geld. Ich habe allein für eine einzige ISBN bereits 80 Euro bezahlt. Wenn du einen eigenen Verlag gründest, kannst du eine Serie mit ISBNs zu günstigeren Konditionen kaufen. Es ist möglich, dass du ein Gewerbe anmelden musst. Dann bist du Unternehmer. Der organisatorische, zeitliche und der finanzielle Aufwand zur Markteinführung eines Buches kann beträchtlich sein. Ich gehe mal davon aus, dass du das nicht willst. Aber es gibt einen Mittelweg. Du kannst für bestimmte Aufgaben einen Dienstleister beauftragen.

Ich lasse für ausgewählte Buchprojekte einen modernen Selfpublishing-Verlag den Druck, die Erstellung des E-Books, die Veröffentlichung und Auslieferung übernehmen. Du kannst auch Lektorat und Coverdesign hinzubuchen oder vorgefertigte Vorlagen verwenden. Manche Anbieter bieten weitere Services und Beratung oder Marketingmaßnahmen an.

Anstatt ein fertiggestelltes Manuskript an einen klassischen Verlag zu senden, füge ich am Ende meines Buchtextes meine Vita ein, dazu ein Foto von mir und Hinweise auf bereits erschienene Werke und die Internetadresse meiner Autorenhomepage. Dann melde ich mich auf der Homepage des Selfpublishing-Verlags an und buche ein Leistungspaket, das zu meinen Ansprüchen passt. Ich bezahle dafür zwischen 40 und 200 Euro und erhalte daraufhin jeweils eine ISBN für das Buch und das E-Book und mehrere Freiexemplare, die mir nach dem Druck des Buches zugestellt werden. In der zur Verfügung gestellten Web-Anwendung gebe ich nun den Titel aus unserem Beispiel „Handbuch zur Rettung der Welt" ein und gegebenenfalls den Untertitel des Buches und meine Autoren-Vita. Außerdem das Format und ob es als Paperback (Taschenbuch) oder als Hardcover (gebundene Ausgabe) erscheinen soll. Es folgen die Anzahl der Seiten, die durch 4 teilbar sein muss. Ich wähle die gewünschte Papiersorte (90g, cremeweiß) aus und entscheide darüber, ob die Oberfläche des Buchdeckels matt oder glänzend sein soll. In der Anwendung kann ich den Verkaufspreis für das Buch und das E-Book kalkulieren und festlegen. Dann folgt die Eingabe der Meta-Daten, das sind der Klappentext, die Sprache und die Warengruppe. Passend zu unserem Beispiel: „Romane und verwandte Gebiete"

Dazu die Kategorie: „Abenteuerromane > nahe Zukunft"

Und die geografische Spezifikation: „Europa > Mitteleuropa > Deutschland"

Zu den Meta-Daten gehören auch die Schlagworte, unter denen mein Buch gefunden wird, wenn jemand nach bestimmten Begriffen sucht. In unserem Beispiel sind das: „Klimawandel, Umwelt, Freundschaft, Abenteuer, Zukunft"

Anschließend muss ein Buchblock erstellt werden. Das Manuskript wird dabei in eine für den Buchdruck notwendige Datei umformatiert. Hierzu werden Vorlagen passend zu den von mir angegebenen Maßen des

Buchs angeboten, deren Nutzung ich dringend empfehle. Sie ersparen einem zeitraubende Formatiersitzungen und schonen die Nerven. Ich entscheide mich für eine Vorlage ohne Beschnittrand (dazu später mehr) und öffne sie. Ich markiere den gesamten Text in meinem Manuskript, kopiere ihn und füge ihn an der dafür vorgesehenen Stelle in die Vorlage ein. Speichern unter einem neuen Namen nicht vergessen!

Das vorgefertigte Impressum ergänze ich mit meinem Namen, der mir mitgeteilten ISBN und dem Titel des Buches. Dann folge ich den Vorschlägen auf den weiteren Seiten bis zum Abschnittswechsel. Ich füge eine Widmung hinzu oder ein Inhaltsverzeichnis. Nicht benötigte Seiten oder Hinweise lösche ich. Nach dem Abschnittswechsel beginnt die Vorlage mit dem Zählen der Buchseiten. Der Text eines Buches beginnt üblicherweise ja nicht auf Seite 1, sondern erst auf Seite 3, 5, 7 oder ähnlich.

Nun kann ich die Schriftart ändern und die Textausrichtung. Ich wähle eine Schrift aus der Familie „Segoe" und entscheide mich für die Typografie-Methode „Blocksatz". Außerdem möchte ich, dass der erste Satz eines Absatzes eingerückt wird. Ebenso die wörtliche Rede. Ich schalte die automatische Silbentrennung ein und lasse die Kapitelüberschriften fett drucken. So, das sieht jetzt schon mal ganz gut aus.

Eine Anmerkung zu den Anführungszeichen der wörtlichen Rede. Zur Auswahl stehen die deutschen Anführungszeichen (Gänsefüßchen) „" oder die internationalen Doppelpfeile «». Ich bevorzuge aus praktischen Gründen die deutschen Anführungszeichen. Sie sind auf einer deutschen Tastatur mit einem Tastendruck zu erreichen. Aber das kann jeder entscheiden, wie er will.

Bei der Gestaltung des Buchblocks kann es dazu kommen, dass einzelne Wörter, Satzfragmente oder kurze Sätze allein auf einer neuen Seite angezeigt werden. Der Fachmann spricht in diesem Zusammenhang von „Hurenkindern" und „Schusterjungen". Die sehen nicht schön aus und gelten als handwerkliche Fehler. Die müssen also beseitigt werden. Durch entfernen oder hinzufügen von Zeilenumbrüchen an geeigneten Stellen im Text kann ich solche Mängel beheben.

Die soeben erstellte Word-Datei wandele ich in ein PDF-Dokument um und lade es zum Selfpublishing-Verlag hoch. Dort wird mein Dokument geprüft und gegebenenfalls auf technische Fehler hingewiesen, die das Druckergebnis beeinflussen können. Eine inhaltliche Prüfung findet nicht statt. Auch die Grammatik oder die Rechtschreibung werden nicht geprüft. Das liegt allein in meiner Verantwortung. Es wird ein neues PDF erstellt, das den zu druckenden Buchblock enthält. Ich kann den Inhalt kontrollieren und zum Druck freigeben.

Kommen wir zum Cover. Ich verwende keine der zahlreichen Vorlagen, sondern gestalte meine Cover selbst. Dazu verwende ich die Grafikanwendungen der kanadischen Firma Corel, mit deren Bedienung ich seit Jahrzehnten vertraut bin. Es gibt auch noch viele weitere Grafikanwendungen. Photoshop, Lightroom, Paintshop Pro, einige davon kostenlos. Gimp zum Beispiel.

Anhand der von mir gewählten Buchabmessungen, der Seitenanzahl und des ausgewählten Papiers werden mir auf der Homepage des Selfpublishing-Verlags die Maße der benötigten Coverelemente angezeigt. Wie breit der Buchrücken wird zum Beispiel oder der umlaufende Beschnittrand. Aufgrund dieser Informationen lege ich eine Grafikdatei an und suche mir ein Bild aus, welches ich für mein Cover verwenden möchte. Dazu kann man sich ein kostenloses Stockfoto aus dem Internet herunterladen oder ein Foto kaufen. In jedem Fall muss man bei der Verwertung fremder Bilder die Lizenz-Bestimmungen zur kommerziellen Nutzung und des womöglich nötigen Bildnachweises beachten. Ich speichere mir die Lizenz-Hinweise für einen eventuell notwendigen Nachweis in der Zukunft ab, falls es die das Bildmaterial zur Verfügung stellende Webseite bis dahin nicht mehr geben sollte.

Natürlich kann man auch selbst ein Motiv fotografieren oder eine Illustration entwerfen. Vorausgesetzt, man verfügt über die erforderlichen Fähigkeiten.

Ich habe mich für eine Illustration entschieden. Ich beschneide oder skaliere sie auf die mir mitgeteilten Maße und füge sie in die soeben erstellte Datei als Hintergrund ein. Nun fehlen noch der Buchtitel, mein Name, der literarische Gattungshinweis (Roman), der Text für den Buchrücken und der Klappentext und der EAN-Code für die ISBN, den ich mir als kleine Grafik von der Homepage des Selfpublishing-Verlags herunterladen kann.

Zugegeben, das klingt jetzt alles ganz flott und einfach, aber tatsächlich sitze ich viele Stunden an der Gestaltung eines Covers. Ich sichte Hunderte von Motiven, vergleiche mit Covern von bereits veröffentlichten Büchern und lasse mich inspirieren. Oft verwerfe ich Coverentwürfe nach tagelangen Sitzungen und beginne wieder von vorn. Ich empfinde große Freude beim Gestalten und experimentiere mit Schriften, Farben und Bildern. Erst wenn ich absolut zufrieden bin zeige ich das erstellte Cover einem ausgewählten Personenkreis und hole mir deren Urteil ein.

Das fertige Cover speichere ich als PDF-Dokument und lade es hoch auf die Homepage des Selfpublishing-Verlags. Dort wird meine Coverdatei auf die vorgegebenen Maße, Farbtiefe und Bildqualität geprüft. Auch hier findet keine inhaltliche Prüfung statt. Wie beim Buchblock bereits beschrieben, liegen die korrekte Grammatik, die Rechtschreibung und das Berücksichtigen eines Beschnittrandes ganz allein in meiner Verantwortung. Der Beschnittrand ist ein Bereich, der das eigentliche Cover mehrere Millimeter breit umfasst. Er wird beim Zuschneiden des Buchdeckels auf die bestellten Maße abgeschnitten. Schriftliche Informationen oder unverzichtbare Bildbereiche, die in den Beschnittrand ragen und bei der Herstellung des Buches unweigerlich abgetrennt werden, gehen verloren und gelten ebenfalls als handwerklicher Fehler.

Fehldrucke aufgrund handwerklicher Fehler in der Druckvorlage gehen auf mein Konto. Im wahrsten Sinne des Wortes. Eine zweite Auflage zur Korrektur der Mängel muss ich erneut bezahlen.

Wurde die Prüfung meiner hochgeladenen Coverdatei erfolgreich abgeschlossen, kann ich die Datei noch einmal kontrollieren und zum Druck freigeben.

Nun werden der Autorenvertrag und der Buchvertrag erstellt. Ich lade beide Verträge herunter und speichere sie. Damit ist mein Teil der Arbeit getan. Der Selfpublishing-Verlag druckt jetzt meine Freiexemplare, stellt sie mir zu und beginnt mit der Erstellung meines E-Books. Es erfolgt ein Eintrag ins Verzeichnis lieferbarer Bücher (VLB) und die Lieferung zweier Pflicht-Exemplare an die Deutsche Nationalbibliothek. Wenige Tage später können Leser mein Buch im Handel bestellen. Kurz darauf startet auch der internationale Vertrieb.

Bücher, die über einen Selfpublishing-Verlag veröffentlicht wurden, werden im Digitaldruck-Verfahren einzeln auf Abruf (on demand) gedruckt. Also erst dann, wenn eine Bestellung vorliegt. Das spart Geld und schont die Umwelt, weil nirgendwo eine Auflage von Hunderten Büchern gelagert wird, von der im Grunde genommen niemand weiß, ob sie sich je komplett verkauft und am Ende nicht verramscht werden muss.

Neben den weiter oben bereits beschriebenen Vorteilen bei der Veröffentlichung über einen klassischen Verlag, halten viele Mitarbeiter von Buchhandlungen, Bibliotheken und Medien die Werke von Verlagsautoren für qualitativ überlegen. In deren Wahrnehmung erhöht das dein Ansehen, ein Verlagstitel dient also unter Umständen deiner Reputation als Autorin oder Autor. Das könnte ein weiteres Argument dafür sein, zumindest einen Teil deiner Manuskripte über klassische Verlage oder Agenturen veröffentlichen zu lassen. Argumente für die Veröffentlichung über einen Selfpublishing-Verlag gibt es aber auch. Es wäre möglich, dass dein Manuskript von Verlagshäusern und Agenturen abgelehnt wurde, weil es nicht in das Programm von Verlagen passt oder es keinem Genre eindeutig zuzuordnen ist. Oder die zu erwartende Zielgruppe wird als zu unbedeutend eingeschätzt oder das Thema lässt sich schwierig vermarkten. Ein weiterer Grund könnte sein, wenn du verhindern möchtest, dass deine Bücher nach wenigen Monaten bereits verramscht werden und vom Markt verschwinden. Auch der Wunsch nach mehr Mitsprache oder Entscheidungsfreiheit sind Argumente. Klassische Verlage benötigen mitunter Jahre, bis dein Buch veröffentlicht wird. Es ist möglich, dass du die dafür notwendige Geduld nicht aufbringen möchtest. All das können berechtigte Gründe dafür sein, ein Buch über einen Selfpublishing-Verlag selbst zu veröffentlichen. Hinzukommen finanzielle Vorteile, die ich im nächsten Kapitel beschreiben werde.

Wenn du allerdings Absagen bekommst, in denen konstruktiv auf handwerkliche Mängel hingewiesen wurde und dir vielleicht vorgeschlagen wird, das Manuskript zu überarbeiten und erneut einzusenden, dann ist das ein wohlwollendes Angebot eines Verlages oder einer Agentur, dass du annehmen solltest. Veröffentliche das bemängelte Manuskript besser nicht aus Trotz selbst, denn es könnte dir negative Reaktionen aus der Leserschaft bescheren und dir viel Freude am Schreiben nehmen.

**Agenturen**

Verlage nehmen zunehmend die Dienste von Literaturagenten in Anspruch. Von den Agenturen werden eingereichte Manuskripte begutachtet, bewertet und an Verlage weitergereicht, von denen die Agentur glaubt, die Geschichte passt in deren Programm. Verlage übertragen den Prozess der Auswahl also an einen Vermittler. Ein bei einer Agentur eingereichtes Manuskript wird somit gleich zweimal auf Eignung geprüft. Dieses doppelte Sieben soll die Wahrscheinlichkeit erhöhen, Bestseller einzukaufen.

Auch ich habe eine Zeit lang mit einer Agentin zusammengearbeitet. Meine Agentur berechnete für ihre Dienste 15% Provision von den an mich vom Verlag ausgeschütteten Tantiemen. Plus 19% Mehrwertsteuer. Keines der weitergereichten Manuskripte wurde von einem Verlag angenommen. Ich habe den Agentur-Vertrag anderthalb Jahre später gekündigt und mich wieder selbst um die Verwertung meiner Manuskripte gekümmert.

Wenn du deine Manuskripte von einer Agentur an Verlage vermitteln lassen möchtest, kannst du das tun. Vielleicht arbeitet deine Agentur für dich erfolgreicher. Aber auch dort ist dein Manuskript nur eines von Hunderten im Jahr. Außerdem verlängert die Zusammenarbeit mit einer Agentur unter Umständen die Zeit, bis du einen Verlagsvertrag erhältst, weil viele Agenturen nur exklusiv für dich tätig werden. Mehrere Agenturen gleichzeitig mit der Vermittlung zu beauftragen ist somit ausgeschlossen.

**Reden wir über Geld**

Ein klassischer Verlag verlangt für seine Dienstleistungen einen Teil deiner Einnahmen. Den dir verbleibenden Teil nennt man Tantiemen. Nicht unüblich sind 10% des Endverkaufspreises für Printausgaben und 20% des Endverkaufspreises für E-Books. Jeweils abzüglich aller Handelsrabatte, Mehrwertsteuer und Remissionen. Bei Erlösen aus Nebenrechten behält der Verlag die Hälfte für sich ein. Es mag abweichende Verträge geben, aber die genannten Konditionen sind realistisch.

Gehen wir für ein Beispiel von einem Taschenbuch in der Größe 12x19cm mit 300 Seiten aus. Papier 90g, cremeweiß, matt. Einband Paperback. Laminierung glänzend. Verkaufspreis 10,90 Euro. Abzüglich ermäßigten 7% Mehrwertsteuer ergibt sich eine Zwischensumme von 10,19 Euro. Der Buchhändler erhält bis zu 40% Rabatt. Es bleiben also 6,11 Euro übrig. Davon bekommst du 10%. Deine Tantiemen betragen demnach rund 61 Cent.

Dein E-Book verkauft der Verlag für 5,99 Euro. Nach obigem Beispiel betragen deine Tantiemen etwa 60 Cent, weil elektronische Bücher bisher mit 19% Mehrwertsteuer anstatt mit 7% belegt sind.

Wenn du mit einer Literaturagentur zusammenarbeitest, musst du die im Agenturvertrag vereinbarte Provision von diesen Einnahmen noch abziehen.

Die Konditionen eines Selfpublishing-Verlags will ich dir am Beispiel von Twenty-Six, einer Kooperation zwischen der Verlagsgruppe Randomhouse und BoD

(Books on Demand) aus Hamburg, berechnen. Auf der Homepage (www.twentysix.de) stellt Twenty-Six einen Preiskalkulator zur Verfügung. Deine Tantiemen betragen nach oben gerechnetem Beispiel für unser Taschenbuch 1,11 bis 1,67 Euro je nachdem, wo dein Buch bestellt wurde. Für den Verkauf eines E-Books erhältst du 2,11 bis 3,62 Euro. Die niedrigere Summe bekommst du bei einem Verkauf über den Buchhandel oder Onlinehandel gutgeschrieben, die höhere Summe zahlt Twenty-Six dir, wenn das Buch in deren eigenen Online-Shop bestellt wurde. Denn dann fallen ja keine Handelsrabatte für die Buchhändler an.

Die Nebenrechte verbleiben beim Urheber, also bei dir. Von den erzielten Erlösen brauchst du nichts abgeben.

Klingt prima, nicht wahr? Aber bedenke, ein klassischer Verlag bietet viele Leistungen, die ein Selfpublishing-Verlag nicht übernimmt. Die wirst du selbst leisten müssen. Ausgenommen können kleinere oder mittlere Verlage sein, die von ihren Autoren die Erbringung üblicher Leistungen klassischer Verlage erwarten, weil deren Personaldecke oder Marketingbudget nicht ausreicht. Etliche kleinere Verlage können sich weder einen Außendienst, Werbeanzeigen, Lesereisen oder einen Auftritt auf einer der großen Buchmessen leisten. Die bei Autorinnen und Autoren beliebten Vorschüsse zahlen sie auch nicht. In diesem Fall trittst du einen erheblichen Teil deiner Tantiemen an den Verlag ab, musst aber dennoch beinahe alle Arbeiten übernehmen, wie bei der Veröffentlichung über einen Selfpublishing-Verlag. Gleichzeitig unterwirfst du dich den oft weit in der Zukunft liegenden

Veröffentlichungsterminen und dem bereits beschriebenen Einfluss des Lektorats und der Programmleitung und dein Buch landet womöglich schnell auf der Backlist und wird danach verramscht, wenn es sich nicht so häufig wie erwartet verkauft. Ob sich das unter diesen Umständen dann noch für dich lohnt, musst du selbst entscheiden.

Es verlangte mir große Geduld ab, bis ich von meinem klassischen Verlag die erste Tantiemen-Abrechnung erhielt. Es dauerte 18 Monate, denn mein Verlag wartete, bis die Remissionsfristen abgelaufen waren. Erst nachdem sichergestellt war, dass innerhalb eines Abrechnungszeitraums kein Buchhändler mehr eines der bestellten Bücher retournieren durfte, berechnete die Buchhaltung meine Tantiemen und schickte mir die Aufstellung. Einige Tage danach konnte ich den Zahlungseingang feststellen.

Meine Tantiemen-Abrechnung war in mehrfacher Hinsicht ernüchternd. Zunächst enttäuschte mich die Summe der Einnahmen. Denn es handelte sich nur um die Abrechnung eines einzelnen Buches. Später erschienene Bücher befanden sich ja noch innerhalb der Remissionsfrist. Deren Verkäufe wurden also auch erst im Jahr darauf abgerechnet, weil der Verlag nur einmal im Jahr eine Abrechnung erstellt.

Der Informationsgehalt der Abrechnung beschränkte sich auf verkaufte Stück, die Erlöse daraus und mein Anteil daran und die Gesamtsumme der mir zu überweisenden Tantiemen. Ich hatte eine Abrechnung erwartet, die wertvoll für meine kaufmännischen Entscheidungen sein könnte, von betriebswirtschaftlichem Nutzen und erhellend für mein Marketing. Stattdessen diese Kurzmitteilung. Intransparent und fern jeglicher Kontrolle. Scheint üblich zu sein, denn die Abrechnungen meines Selfpublishing-Verlags sind auch nicht bedeutend ausführlicher. Wenigstens erhalte ich die einmal im Quartal und ich kann ihnen für die E-Books immerhin entnehmen, welche Händler (Amazon, Thalia, Hugendubel, Weltbild etc.) die Umsätze getätigt haben. Außerdem kann ich die aktuellen Verkäufe auf den Tag genau in meinem persönlichen Bereich auf der Homepage des Selfpublishing-Verlags einsehen.

Wem das alles zu undurchsichtig erscheint und er Gewissheit verlangt, der kann einen Wirtschaftsprüfer beauftragen, die Tantiemen-Abrechnungen zu prüfen. Zulässige Abweichungen vereinbaren Verlage vertraglich. Liegen gegebenenfalls ermittelte Differenzen unter den vereinbarten Werten, zum Beispiel Abweichung von 3, 4 oder 5 %, dann muss der Autor die Kosten für die Prüfung bezahlen. Bei Abweichungen darüber hinaus trägt der Verlag die Kosten. Ich bin das finanzielle Risiko einer Überprüfung bisher nicht eingegangen.

**Marketing**

So, dein Buch wurde geschrieben, gedruckt und fein kalkuliert und es befindet sich im Handel. Alles gut. Oder? Leider nein. Die Welt hat auf dein Buch nicht gewartet und wird wohl kaum danach suchen. Das müsste sie aber, sonst würde es niemals gefunden werden. Vielleicht wird es hin und wieder aus Zufall entdeckt, aber nennenswerte Umsätze wird es dann keine generieren. Bei rund 80.000 Neuerscheinungen im Jahr und Millionen von bereits erschienenen Büchern im Angebot des stationären Buchhandels und in den Onlineshops brauchst du Aufmerksamkeit. Und die müssen Autorinnen und Autoren erzeugen, wenn der Verlag es nicht tut.

Ich warte nach der Veröffentlichung bis mein Buch und das E-Book überall im Handel lieferbar sind. Das kann zwei, drei Wochen dauern. Man kann auch schon vor der Veröffentlichung eines Buches für Aufmerksamkeit sorgen. Bei Lesern, die mich und meine Werke kennen, funktioniert das ganz gut. Nach der persönlichen Ansprache oder geschalteten Werbeanzeigen werden dann bereits am Erscheinungstag die ersten Käufe getätigt.

Das zentrale Marketing-Instrument ist für mich meine Autoren-Homepage. Dort laufen alle (Marketing-) Fäden zusammen. Dort findet der Besucher Informationen über mich und meine Arbeit als Autor und natürlich meine Bücher. Ich hatte vor der Erstellung meines Internetauftritts eine Fotografin damit beauftragt, professionelle Fotos von mir anzufertigen. Ausschließlich diese Bilder verwende ich für meine

Darstellung in der Öffentlichkeit und stelle sie den Medien und den Verlagen zur Verfügung. Man könnte dieses Vorgehen mit dem Corporate-Design von Unternehmen vergleichen. Immer die gleichen Bilder erzeugen einen Wiedererkennungseffekt beim Betrachter. Diesen Bildervorrat ergänze ich mit einzelnen gelungenen Fotos, die auf meinen Lesungen oder während Messebesuchen aufgenommen wurden. Meine Homepage aktualisiere ich nach der Neuerscheinung eines Buches als erstes und werbe auf der Hauptseite für den neuen Titel. Gleich darauf erstelle ich für meine E-Mail-Adresse eine Signatur mit einem kurzen Hinweis auf die Neuerscheinung, einem Coverfoto und einem Link zum Buch auf meiner Homepage. In jeder E-Mail, die ich verschicke, wird dieser Hinweis mitgesendet. Dann formuliere ich eine Pressemitteilung, wie das geht, kann man im Internet nachlesen oder du siehst dir einfach meine an. Es gibt einen Link auf meiner Homepage zu den Pressemitteilungen. Ich versende E-Mails mit der Pressemitteilung, einem Coverfoto und einem Bild von mir an meine gesammelten Medienkontakte. Das sind Redaktionen von Zeitungen, Magazinen, Radio- und TV-Sendern und ich veröffentliche die Pressemitteilung auf openpr.de. Dieses Presse-Portal ist zwar streng in seinen Regeln bezüglich einer ordentlichen Pressemitteilung, aber die danach handwerklich einwandfrei verfassten Texte finden bei Journalisten eher Beachtung. Es gibt noch viele weitere Presse-Portale im Netz. Schaue sie dir an und entscheide, welche davon dir nützlich erscheinen. Erwarte aber von dieser Marketingmaßnahme nicht zu viel. Journalisten werden täglich mit Pressemitteilungen überschüttet und sie verfügen üblicherweise über nur wenig Zeit. Wenn sich aufgrund deiner Pressemitteilung Medienvertreter bei dir melden und Interesse an einem redaktionellen Beitrag über dich und deine Arbeit zeigen, sei dankbar und versorge sie mit den gewünschten Informationen. Wenn du ihnen zuarbeitest und damit ihre Arbeit erleichterst, werden sie auf künftige Pressemitteilungen von dir wohlwollender reagieren. Ich führe zu diesem Zweck eine Pressemappe. Sie enthält Informationen über mich und meine Bücher, ihr Inhalt beantwortet bereits viele Fragen recherchierender Journalisten. Im nächsten Kapitel gehe ich ausführlich darauf ein. Bedenke, schon eine winzige Anzeige in einer Tageszeitung zu schalten, würde dich viel Geld kosten. Ein redaktioneller Beitrag über eine halbe Seite mit Interview, einem Foto von dir und einem Hinweis auf deine Bücher ist für dich kostenlos und zugleich überaus wertvoll.

Als Nächstes werbe ich in den sozialen Medien für mein neues Buch. Facebook, Instagram, Twitter, Pinterest, Youtube und wie sie alle heißen. Welches Medium bei dir am besten funktioniert, musst du ausprobieren. Bei mir ist es Facebook. Dort poste ich sauber gestaltete Werbeanzeigen und lasse mich dabei von den Werbeanzeigen der Großverlage inspirieren. Beispiele findest du auf meiner Homepage. Bei Facebook bin ich interessanten Marketing-Gruppen beigetreten und habe Literatur-Gruppen abonniert. Etwa eine halbe Stunde pro Tag investiere ich, um mich dort einzubringen, zu lesen und zu kommentieren und zu liken und was man da sonst noch so tut. Aber auch hier bitte keine zu großen Erwartungen an den Nutzen stellen, du bist dort nicht allein und Facebook begrenzt die Reichweite deiner Mitteilungen drastisch. Auch wenn dich tausende Freunde abonniert haben sollten, die wenigsten bekommen deine Posts überhaupt zu sehen. Um das zu ändern musst du für deine Anzeigen kostenpflichtig werben. Ich habe das einige Male getan. Die Resonanz hat mich aber nicht überzeugt.

Anschließend kontaktiere ich Buchhandlungen und Leihbibliotheken und biete ihnen Unterstützung für deren Verkaufs- und Verleihtätigkeit in Form von Lesungen an. Das ist mühsam, aber die langfristige Wirkung ist nicht zu unterschätzen. Ich bringe dadurch meinen Namen und die Titel meiner Bücher immer wieder in Erinnerung. Man spricht über mich in der Branche und wenn ich das nächste Buch veröffentliche, bin ich kein unbekannter Autor mehr. Nach und nach gibt es auf diese Weise immer mehr Menschen, die mich und meine Arbeit kennen. Nicht selten dauert es Jahre, bis die Werke von Autorinnen und Autoren von einer breiten Leserschaft wahrgenommen werden. Nimm dir diese Zeit.

Ein weiteres Marketinginstrument sind Literatur-Blogs. Ich schreibe sie an und stelle den Betreibern ein kostenloses Rezensionsexemplar in Aussicht. Aber auch hier bitte immer im Gedächtnis behalten, man ist nicht allein auf der Welt und niemand hat auf einen gewartet. Die Betreiber der Blogs werden regelmäßig mit Rezensionsexemplaren überschüttet. Aber mit Höflichkeit und Geduld kommt man weiter, ist ja generell im Leben so, und ich konnte immer wieder sehr wertvolle Kontakte knüpfen. Eine überaus engagierte

Bloggerin hat mir einmal das Cover und den Titel eines Buches verrissen, dass im Monat darauf veröffentlicht werden sollte. Ich bin ihr dafür bis heute dankbar, denn sie hatte recht. Der von mir gewählte Titel und das Coverbild erschienen gemessen an der Bedeutung der Geschichte geradezu belanglos. Ich habe die Veröffentlichung gestoppt und beides geändert. Für mich sind Blogger keine willfährigen Diener, sondern ein Frühwarnsystem für Flops und wertvolle Fachleute und Mitgestalter.

Was kann man noch tun? Ich gestalte gefällige Faltblätter und Lesezeichen und lasse sie drucken. Diese „give-aways" verteile ich auf Lesungen und Messeterminen und ich lege sie meinen Büchern bei, wenn ich Exemplare persönlich verkaufe. Um einen ansprechenden Hintergrund mit Wiedererkennungseffekt auf meinen Lesungen zu garantieren, entwerfe ich ein Roll-up und lasse es herstellen. Es zeigt meine bisher erschienenen Bücher und ein Foto von mir.

Es kann sich lohnen, Hörbuchverlage und Rechteagenturen zu kontaktieren. Wenn der Verlag die Nebenrechte nicht wahrnimmt oder dafür wirbt, macht man es eben selbst. Es ist nicht unüblich, dass ungenutzte Nebenrechte nach einer gewissen Zeit an den Urheber zurückfallen. Das könnte zum Beispiel nach fünf Jahren der Fall sein. Beachte hierzu die entsprechenden Vereinbarungen in den Verträgen, die du mit Verlagen abgeschlossen hast.

Es lohnt sich, der Community Lovelybooks.de beizutreten und auf dieser Plattform eine Leserunde zu veranstalten. Ziel ist es, eine selbst zu bestimmende Anzahl Bücher zu verlosen und im Gegenzug Rezensionen zu erhalten. Die Gemeinschaft dort ist sehr aktiv, aber unbestechlich. Ich weiß von Kollegen, deren Buch nicht so gut ankam und die mit dem Ergebnis ihrer Leserunde alles andere als zufrieden waren. Trotzdem kann man dabei wertvolle und oft fachkundige Meinungen einholen. Die Nutzer dieser Plattform lesen viel, kommentieren detailliert und äußern bisweilen auch Wünsche, denen man im nächsten Manuskript entsprechen kann.

Im Grunde schaue ich mir mein Marketing bei den großen Verlagen ab. Was machen die? Was davon kann ich auch tun? Damit ich mir diese ganzen Maßnahmen merken und in einer sinnvollen Reihenfolge abarbeiten kann, führe ich Listen. Dazu habe ich mir auf dem Computer Tabellen erstellt. Was ist bei welchem Anlass zu tun? Eine Tabelle lautet „Neuerscheinung". Andere „Lesungen", „allg. Anlässe" (zum Beispiel Ferienbeginn, Ostern, Weihnachten) oder „Frühling", „Sommer", „Herbst" und „Winter". Ich kann auf die sich bietenden Gelegenheiten wie Feiertage oder Buchmessen und dergleichen Bezug nehmen und meine Bücher und meine Arbeit als Autor immer wieder ins Gespräch bringen. Ich bewerbe meine mystischen Erzählungen zu Walpurgisnacht, werbe für meine Bücher als Urlaubslektüre in den Wochen vor den Ferien und empfehle sie als Geschenk zu Weihnachten. Aktuelle Anlässe sind immer willkommen. Die Debatte um den Klimawandel bietet sich zum Beispiel an, um auf meine Endzeit-Trilogie „Handbuch zur Rettung der Welt" hinzuweisen. Ich halte einen solchen „Marketingplan" für wichtig. Du kannst ihn mit ganz persönlichen Maßnahmen füllen. Ebenso entscheidend ist es aber auch, ihn gewissenhaft abzuarbeiten und eine Erfolgskontrolle deiner Maßnahmen durchzuführen. Welche Aktion hast du wann durchgeführt und welchen Einfluss hatte das auf deine Verkäufe? Ich nutze dafür die Autorenzentrale „Author-Central" von amazon.de und die Verkaufsübersicht meines Selfpublishing-Verlags. Beides ist über das Internet erreichbar und wird von den Betreibern permanent aktualisiert. Wenn jemand ein Buch oder ein E-Book gekauft hat, wird der Verkauf dort angezeigt. Das geschieht zeitlich etwas versetzt, aber ich kann die Wirkung meiner Werbemaßnahmen dennoch nachvollziehen. Natürlich sehe ich dort nicht die Taschenbuch-Verkäufe aller Buchhandlungen und Onlineshops im Detail, aber ich erkenne einen Trend.

Autoren klassischer Verlage erhalten oft nur jährlich Informationen darüber, wie häufig sich ihre Bücher verkauft haben. Dann ist es schwer, durchgeführten Marketingmaßnahmen rückwirkend noch Umsätze zuzuordnen.

Ich weiß, dass nicht wenige Autorinnen und Autoren das Marketing nicht schätzen. Sie wollen schreiben, nicht verkaufen. So geht es mir auch. Wenn ich nur Verkäufer sein wollte, täte ich es sicher nicht für ein so schwierig zu verkaufendes Produkt wie ein Buch, für das ich zudem vorher noch ein halbes Jahr Arbeit investieren musste. Aber leider haben sich besonders kleinere und mittlere Verlage aus dem umfassenden Marketing für ihre Autoren weitgehend zurückgezogen. Sie begnügen sich mit einigen Posts auf sozialen Medien oder einer einmal im Jahr stattfindenden gratis Aktion für ein E-Book in den Online-

Shops. Hin und wieder raffen sie sich zu einem Stand auf einer der regionalen Buchmessen auf. Aber diese Maßnahmen reichen natürlich nicht aus. So manchem Buchhändler sind bestimmte kleinere und mittlere Verlage sogar unbekannt. Selbst Großverlage verwenden ihr Marketingbudget vorwiegend für ihre prominenten Autorinnen und Autoren, was bleibt all den anderen also übrig? Selbstvermarktung oder unbeachtet bleiben. Damit das unumgängliche Marketing nicht meine Lust am Schreiben erstickt, investiere ich nur so viel Zeit, dass es mir nicht die Laune verdirbt und ich investiere Geld nur sehr zurückhaltend.

**Pressemappe**

Nach einer Buch-Veröffentlichung, einer Lesung, einem Interview oder einem Beitrag über mich in den Medien aktualisiere ich die Pressemappe, die ich auf meiner Homepage auch zum Download als PDF-Dokument bereithalte. Sie enthält ein Foto von mir, meine Kontaktdaten und einen Lebenslauf in Kurzform. Darüber hinaus beinhaltet sie Informationen über meine Bücher, einen Medienspiegel und einige der mit mir geführten Interviews. Außerdem eine Auswahl an Rezensionen sowie Bilder von zurückliegenden Veranstaltungen.

Eine Pressemappe bietet Journalisten und anderen Medienvertretern einen schnellen Überblick über meine Person und meine Arbeit als Autor. Sauber gestaltet und präzise formuliert vorgehalten, brauche ich Interessierten bei Erstkontakt nur einen Link oder den Hinweis auf meine Homepage mitzuteilen. Informationen darüber hinaus können dann zu einem späteren Zeitpunkt von mir nachgereicht werden. Natürlich kann ich meine Pressemappe auch gedruckt überreichen oder als Anhang in einer E-Mail versenden.

Eine Pressemappe, jederzeit verfügbar, mit zusammengestellten wichtigen Informationen schützt mich vor der Situation, dass mir womöglich erst nach einer bedeutenden Begegnung einfällt, was ich noch alles hätte sagen wollen.

**Lesungen**

Lesungen sind ein Marketinginstrument und Weiterbildung für Autorinnen und Autoren zugleich. Ich lese am liebsten in Buchhandlungen und Bibliotheken. Dort wird mir der von mir bevorzugte Rahmen geboten. Das Publikum ist aufmerksam und interessiert. Ich habe Lesungen auch schon in privaten Wohnzimmern abgehalten, mit Büffet, gemeinsamen Abendessen und einer unerreichten Nähe zu den Gästen, wie ich es sonst nicht erlebt habe. Das Gegenteil erfuhr ich, abgesehen von einer einzigen Ausnahme, in der Gastronomie. Die Geräuschkulisse nahm ich als unangenehm wahr und die Leute waren abgelenkt und zeigten im Grunde wenig Interesse an den gelesenen Texten. Lediglich die Betreiberin eines Cafés sorgte für Ruhe, unterbrach den Service während der Lesung und schaltete sogar die Motoren der Kühlgeräte ab.

Ich bewerbe meine Lesungen auf die gleiche Weise, wie ich auch meine Bücher bewerbe. Zusätzlich führe ich auf meiner Homepage eine Liste mit den Terminen aller öffentlichen Auftritte in einem Jahr. Üblicherweise sind meine Veranstaltungen ausreichend gut besucht. Die einzige Ausnahme bildete eine Lesung an einem Samstagvormittag in einer mehrstöckigen Großbuchhandlung eines Filialisten im Stadtzentrum. Die hektische Atmosphäre glich der eines Kaufhauses. Trotz Werbung für die Lesung nahmen nur drei Personen auf den bereitgestellten Stuhlreihen Platz. Mitten in der Lesung fiel dann noch der Akku des vom Veranstalter zur Verfügung gestellten Mikrofons aus. Ich disziplinierte mich, brachte meine Lesung zu Ende und war froh, als ich aus dem Laden raus war. Solch negative Erfahrungen müssen wahrscheinlich alle Autorinnen und Autoren erleiden. Nimm es hin und hake es ab. Du musst es ja nicht wiederholen.

Für meine Lesungen erstelle ich ein eigenes Manuskript mit größerer Schrift und weiterem Zeilenabstand, welches auf die exakte Lesezeit zusammengestellt wird. Ich lese nicht direkt aus dem Buch. Ich stelle mich und meine Arbeit kurz vor, lese den Klappentext und eine nicht zu lange Einleitung, damit die Zuhörer grob umrissen wissen, um was und um wen es in meinem Buch geht. Dann trage ich einen passenden Auszug aus dem Buch vor, den ich bei Bedarf auch aus mehreren Textstellen „zusammenschneide". Die Lesung soll ja spannend und unterhaltsam sein und die Handlung soll zügig voranschreiten.

Mich begleitet zu den Veranstaltungen jemand, der mit Fotoapparat und Videokamera umgehen kann. Während ich lese, Bücher signiere oder Fragen beantworte, entsteht Bildmaterial, das ich später für mein Marketing nutzen kann. Bitte beachte die Datenschutzgesetze und Verordnungen zum Schutz der Persönlichkeitsrechte. Von abgebildeten und erkennbaren Personen solltest du Einwilligungen zur Veröffentlichung einholen, bevor du die Fotos verwendest.

Ich habe zu Beginn meiner Arbeit als Autor nicht gerne gelesen, weil ich ungern in der Öffentlichkeit stehe. Mal spielte die Verdauung verrückt, mal war mir übel, ein anderes Mal schwitzte ich extrem, es war furchtbar. Ich hatte keine Freude daran. Allerdings die Zuhörer. Sie klatschten am Ende Beifall und lobten die Vorträge, mein Team empfand meine Lesestimme als angenehm, auch wenn ich ein wenig zu schnell gelesen hatte. Das war der Nervosität geschuldet.

Irgendwann pendelte sich mein Unbehagen auf einem erträglichen Niveau ein und ich las langsamer, treffender betont und hob in eingelegten kurzen Pausen mehrmals den Blick, um den Kontakt zu meinem Publikum zu halten. Bald darauf wagte ich es, humorvolle Einlagen gezielt einzubauen. Man lernt halt dazu und je öfter man etwas tut, umso besser kann man es. Wem Talent zur Selbstdarstellung und Entertainment geschenkt wurde, der wird es leichter haben als ich.

Während einer Lesung komme ich meinem eigenen Text auf besondere Weise nahe. Schwierig zu lesende Sätze offenbaren sich, schwache Begriffe geben sich zu erkennen. Ich bemerke bis dahin verborgene Unzulänglichkeiten, der Lesefluss stockt oder ich überlese oder betone falsch. Das sind für mich lehrreiche Erfahrungen und Ansporn, das aktuelle Manuskript noch gewissenhafter zu verfassen und zu prüfen.

Es gibt Kolleginnen und Kollegen, die gestalten eine Lesung zu einem Multimedia-Event. Das ist meine Sache nicht. Ich war bereits mehrfach Zeuge, als deren Technik versagte und die Stimmung sprengte. Das anschließende Durcheinander war peinlich und der Autor wirkte hilflos und entschuldigte sich mit dem Teufel im Detail.

Die von mir vorzugsweise ohne technische Unterstützung nur mit meiner Stimme vorgetragenen Texte sollen ausreichend Zerstreuung bieten, um meinem Publikum einen unterhaltsamen Abend zu schenken. Ich richte hinter mir ein Roll-up auf und präsentiere meine Bücher auf einem Tisch. Einige stelle ich aufrecht auf mitgebrachte Buchstützen. Lesezeichen, Faltblätter und Visitenkarten liegen bereit. Ich habe mir ein kleines Lesepult gekauft und eine mit Batterien betriebene Beleuchtung zum Anklemmen dazu. Dadurch wurde ich unabhängig von der Ausstattung des Veranstalters. Einen handelsüblichen Tisch sollte wohl jeder Veranstalter zur Verfügung stellen können. Mehr brauche ich nicht.

Nach der Lesung plane ich eine Stunde für Fragen aus dem Publikum ein. Oft wird diskutiert, Bücher werden gekauft und von mir signiert. Nach zwei Stunden ist die Veranstaltung meistens beendet.

Wirtschaftlich sinnvoll sind Lesungen für mich nur dann, wenn meine Anfahrt und die Lesezeit bezahlt werden. Allein der Verkauf von Büchern nach der Lesung gleicht den finanziellen Aufwand nicht aus. Nicht selten sind mehrstündige Fahrten für An- und Abreise nötig.

Auf der Homepage des „Verbands deutscher Schriftstellerinnen und Schriftsteller" wird empfohlen, eine Summe von 300 Euro pro Lesung zu berechnen. Ich halte diesen Betrag für zu hoch. Bei prominenten Autoren mag das realistisch erscheinen, womöglich verdienen die an einem Abend sogar mehr, aber viele Buchhandlungen und Leihbibliotheken verfügen nur über ein geringes Budget, welches Honorare in solcher Höhe nicht zulässt. Die größte Akzeptanz erfuhr ich damit, eine Summe im mittleren zweistelligen Bereich pro Lesung zu verlangen und die Reisekosten zusätzlich zu berechnen.

**Lesen**

Lesen ist für Autorinnen und Autoren wichtig. Zum einen erkennt man Stil und Handwerk der Kollegen und es erschließen sich einem neue Trends. Seit Jahren rollt die Fantasie-Welle, ein Genre, welches es zuvor in dieser Ausprägung gar nicht gab. Wer sich berufen fühlt, kann seinen Beitrag leisten und teilhaben. Vampirgeschichten, Fantasiegeschöpfe und mittelalterliche Schauplätze liegen zunehmend im Interesse der Leserschaft. Es gibt Treffen und Veranstaltungen zum Thema und die Buchmesse Leipzig widmet diesem Genre gleich eine komplette Halle. Die Besucher kleiden und schminken sich wie ihre Vorbilder aus den Geschichten und sie ahmen deren Verhalten nach. Überaus sehenswert. Besonders beeindruckt hat mich, zu sehen, wie sehr die von Autorinnen und Autoren geschaffenen Figuren und Geschichten die Menschen beschäftigen.

Ich lese viel Fachliteratur. Die Zeit, die dann noch bleibt, widme ich der Belletristik. Den Büchern von Paulo Coelho konnte ich immer wieder Lehren für meine eigene Reise durch die Zeit entnehmen. Die schönste Textmelodie fand ich in „Die Stimme des Zwielichts" von Ulli Olvedi und Marie-Sabine Roger offenbarte mir die ungeheure Leichtigkeit ihrer Zeilen in „Das Labyrinth der Wörter". Die Entwicklung in den Romanen von T.C. Boyle schreitet stets zügig voran. Alles Unwichtige fehlt, ich lese einen „Boyle" in einem Zug, ohne ihn beiseite zu legen. Ich bedanke mich für 1085 Seiten „Shantaram" von Gregory David Roberts ohne eine einzige Seite mit Längen im Erzählstrang.

Ich erinnere mich gerne an Gerard Donovans präzise erzähltes Drama „Winter in Maine" und an Alice Sebolds Roman „In meinem Himmel", in dem sie die Wirkung eines Verbrechens auf eine Familie geradezu seziert. Und natürlich „Von Mäusen und Menschen", John Steinbecks dichte Erzählung über die schicksalhafte Freundschaft zweier Männer nur auf einschüchternden 124 Seiten. 1931 schrieb Pearl S. Buck derart lebhaft über die chinesische Revolution, sodass ich deren Botschaft bis heute nicht vergessen habe. „Wenn die Armen zu arm und die Reichen zu reich sind, ist es vorbei." Eine beängstigend aktuelle Feststellung für uns Menschen im Jahr 2019. Es gibt so viele Bücher, aus denen ich etwas für mich entnehmen konnte und so kann ich Cicero (106-43 v. Chr.) nur zustimmen. Libri amici. Libri magistri. Bücher sind Freunde. Bücher sind Lehrer.

Doch der größte Schatz in meinem Bücherregal sind die sechs illustrierten Bände von Wilhelm Busch, sein Gesamtwerk in gebundenen Originalausgaben von 1959.

**Messen**

Es gibt zwei bedeutende und international anerkannte Buchmessen in Deutschland. Eine davon findet in Frankfurt statt, die andere in Leipzig. Die neue „Buchmesse Saar" wird 2020 in Saarbrücken das erste Mal eröffnet. Man wird abwarten müssen, welche Bedeutung diese dritte große Buchmesse erlangen wird. Ich freue mich über ein zusätzliches Branchentreffen, weil ich eine weniger weite Anreise als zu den Messen in Frankfurt und Leipzig haben werde. Denn die Kosten in Zusammenhang mit einem Messebesuch sind nicht unerheblich. Das hängt natürlich auch davon ab, wie weit man selbst von einer Stadt entfernt wohnt, in der eine Buchmesse stattfindet und ob man übernachten muss. Sogar der Wochentag deines Besuchs kann entscheidend sein. Wer in Frankfurt als Fachbesucher an einem Wochentag auf das Messegelände möchte, zahlt weitaus mehr Eintritt, als am Samstag und Sonntag verlangt wird. Am Wochenende sind die Hallen auch für Privatpersonen geöffnet, was einen erheblich höheren Andrang bedeutet. Zu den Ausgaben für den Eintritt und deiner Verpflegung kommen die Kosten für die Anreise und möglicherweise eine oder mehrere Übernachtungen hinzu. Es gibt aber auch Verlage, die ihre Autorinnen und Autoren einladen und einen Teil der Kosten oder gar deinen gesamten Aufenthalt für dich bezahlen. Zumindest eine der großen Messen besuche ich einmal im Jahr. Die Verlage, für die ich schreibe, haben ihren Geschäftssitz weit von meinem Wohnort entfernt. Auch wenn ich möglichst alle Kontakte online pflege, halte ich es für notwendig, meinem Verleger und den Mitarbeitern, die für Programmleitung, Lektorat und Marketing zuständig sind, hin und wieder gegenüber zu stehen und ein persönliches Gespräch zu führen. Wenn du den Aufwand für einen Besuch auf einer der großen Messen nicht betreiben willst, kannst du eine der zahlreichen regionalen Messen besuchen. Wenn dein Verlag dort mit einem Stand vertreten ist, kannst du persönliche Kontakte auch dort pflegen. Neben den Begegnungen mit den Mitarbeitern meiner Verlagshäuser suche ich natürlich auch den Kontakt zu Kollegen, Bloggern und Journalisten. Auch die Stände und die Veröffentlichungen der vielen Verlage schaue ich mir bei meinen Streifzügen durch die Gänge an. Der eine oder andere wichtige Kontakt ist auf diese Weise bereits entstanden. Ich empfehle, mit Leuten, von denen du weißt, dass du dich mit ihnen auf einer Buchmesse treffen möchtest, Termine und Treffpunkte zu vereinbaren. Es ist beinahe ausgeschlossen, dass ihr euch auf einem weitläufigen Messegelände ohne konkrete Verabredung begegnet. Meiner Erfahrung nach sind kleine Messen für ausführliche Gespräche besser geeignet, als die großen Veranstaltungen. Der Andrang dort an den Ständen erlaubt in der Regel keine längeren Unterhaltungen unter vier Augen. Auf der Buchmesse Leipzig, die über die gesamte Messezeit auch für privates Publikum geöffnet bleibt, erschien mir die Begegnung zwischen Verlagen, Autoren und Lesern und Bloggern intensiver als in Frankfurt. Die Buchmesse Frankfurt hinterließ bei mir den Eindruck einer Geschäftsmesse. Mir scheint es dort mehr um die Kontakte der Branche untereinander zu gehen. Trotzdem kann ich empfehlen, sich beide Messen einmal anzusehen, um sich ein persönliches Urteil zu bilden.

Du kannst auf einer der kleineren Messen auch einen eigenen Stand buchen und dort deine Bücher ausstellen und das direkte Gespräch mit Lesern und Kollegen suchen. Ich habe das bisher noch nicht getan, aber ich kenne Kolleginnen und Kollegen, die regelmäßig auf Regionalmessen vertreten sind.

**VG WORT**

Die Verwertungsgesellschaft WORT verwaltet Tantiemen aus Zweitverwertungsrechten. Klingt kompliziert. Einfacher ausgedrückt, du solltest dich als Autor bei der VG WORT anmelden und gegebenenfalls einen Wahrnehmungsvertrag abschließen, damit die Verwertungsgesellschaft weiß, dass es dich und deine Bücher gibt. Denn die Hersteller von Geräten wie Kopierern, Druckern und Computern müssen Urheberrechtsabgaben bezahlen und die VG WORT schüttet diese Einnahmen an die Rechteinhaber wieder aus. Auch wenn dein Buch in einer Bibliothek ausgeliehen wird oder ein journalistischer Text darüber verfasst und veröffentlicht wurde, steht dir ein Anteil an den Ausschüttungen zu. Reich wirst du davon allerdings nicht, aber arme Poeten sind nun mal auf jede Einnahmequelle angewiesen. Wenn du dich bei der VG WORT anmeldest und einen Wahrnehmungsvertrag abschließt, entstehen dir keine Kosten.

## AUTOR BLEIBEN

### Glück gehabt

Glück ist ein nicht zu unterschätzender Faktor. Dessen Anteil am Erfolg wird von den meisten Menschen unterschätzt. Es gibt Autorinnen und Autoren, die arbeiten ihr Leben lang fleißig an ihren Projekten und bleiben dennoch nur bescheiden erfolgreich. Trifft man jedoch auf einen Förderer, der den Wert eines Werkes erkennt und ist man womöglich zufällig zur passenden Zeit am richtigen Ort, dann kann das gesamte (Arbeits-) Leben anschließend völlig anders verlaufen. Die Anderen, auf die man gerne und heimlich ein wenig neidisch blickt, sind oft gar nicht besser oder fleißiger oder geistreicher. Im Gegenteil. Jeder von uns könnte Autor und Titel von Büchern nennen, nach dessen Lektüre man sich fragte, warum zur Hölle dieser „Mist" veröffentlicht wurde. Auch ich war in solchen Momenten wenig bescheiden davon überzeugt, dass ich das besser kann. Also blieb mir nichts anderes übrig, als weiter zu schreiben und auf meine Chance zu warten.

Verlage beobachten den Markt. Womöglich erregen ein selbst verlegtes Werk und sein Autor deren Aufmerksamkeit. Vielleicht geschieht das aber auch erst nach Jahren, weil das Buch seiner Zeit voraus war oder das Thema aus anderen Gründen erst dann die notwendige Aufmerksamkeit erhält. Mein Krimi „Christine Bernard – Der Fall Siebenschön" wurde erst drei Jahre nach der Veröffentlichung von einem schwedischen Hörbuchverlag „gefunden".

**Weiter schreiben**

Sein Ding durchziehen und unbeirrt dran bleiben. Das klingt einfach, aber ich weiß, welche Täler der Zweifel und der Mutlosigkeit man oft durchwandert. Absagen von Verlagen, schlechte Rezensionen, Lesungen ohne Publikum, niedrige Verkaufszahlen, mickrige Tantiemen, an Wettbewerben teilgenommen und es nicht mal auf die Longlist geschafft haben. Die Schreiblust schwindet, man stellt das gesamte Projekt des Schreibens infrage. Gut, wer dann eine geneigte Seele an seiner Seite hat, die zuversichtlich ist, einem zuspricht und mehr an einen glaubt, als man selbst. In solchen Phasen schreibe ich nicht, sondern wende mich anderen Arbeiten zu. Ich führe eine lange Todo-Liste, darauf findet sich immer etwas, das es noch zu erledigen gibt und mich ablenkt.

Während man vielleicht darauf wartet, entdeckt zu werden, könnte man sein Angebot mal durchsehen. Leser interessieren sich nicht nur für Taschenbücher oder E-Books. Eine gebundene Ausgabe eines Werkes findet auch seine Käufer und um dessen Veröffentlichung könnte man sich ja mal kümmern. Oder man nimmt an einem weiteren Schreib-Wettbewerb teil oder aktualisiert endlich mal wieder die Kontaktliste.

Wenn ich mich zu gar nichts davon aufraffen kann, wandere ich durch den Hochwald. Ich laufe mir den Kopf frei und bald darauf kehre ich mit neuer Motivation an den Schreibtisch zurück.

**Wettbewerbe**

Ich meide Wettbewerbe. Das war schon in der Schule so. Für mich gab es außer dem Gewinner nur Verlierer. Dabei sein ist für mich eben nicht alles. Ich nehme nur an wenigen Wettbewerben teil und auch nur dann, wenn mein Einsatz an Zeit überschaubar ist und kein anderes Projekt beeinträchtigt wird. Dennoch könnte die Teilnahme oder gar der Gewinn eines Schreib-Wettbewerbs eine Chance sein, Aufmerksamkeit zu erzeugen. Du als Autorin oder Autor und dein Werk werden gesehen, gelesen, besprochen. Es gibt vielleicht einen redaktionellen Beitrag in der Zeitung oder bei einem Radio- oder Fernsehsender. Alles möglich und schaden wird es sicher nicht, selbst wenn du mit deinem Beitrag nur auf der Long- oder Short-List landest. Wenn sie veröffentlicht wird, ist es Werbung für dich.

**Teaser**

Angenommen, du begegnest einem interessierten Verlagsangehörigen auf einer Messe und du hast einige Sekunden seiner Aufmerksamkeit, in denen du ihm dein Werk vorstellen darfst. Darauf solltest du vorbereitet sein. Man nennt diese Situation den „Elevator-Pitch". Ausgehend von der Annahme, eine für dein Projekt möglicherweise wichtige Person steigt zu dir in den Aufzug und du hast ein oder zwei Etagen Fahrzeit zur Verfügung, in der er dir nicht entkommen kann. Jetzt musst du dein Buch in zwei, drei kurzen Sätzen „pitchen", also zusammenfassen (und anschließend überzeugend lächeln, auch wenn dir noch so flau sein sollte).

Dieses „Straffen" auf das Wesentliche ist nicht einfach. Als Beispiel nehme ich die Zusammenfassung, bestehend aus nur 40 Wörtern, für meinen Endzeitroman „Handbuch zur Rettung der Welt".

Anthropozän 2050. Kriege und lebensfeindliche Umweltbedingungen haben die Menschen dahingerafft. Die junge Mila glaubt an ein rettendes Hochtal und führt den alten Josh auf eine gefährliche Reise.

Ein Roman über ein großes Abenteuer, verzweifelte Hoffnung, grenzenlose Zuversicht und aufrichtige Freundschaft.

Der Aufzug hält. Ping. Die Türen gehen auf und alles Weitere überlasse ich deiner Fantasie. Ich habe mir die Pitchs für meine Bücher auf ein Blatt gedruckt und stecke es mir in die Hosentasche, wenn ich auf Messen oder anderen öffentlichen Auftritten unterwegs bin. So kann ich vor einem Termin noch einmal spicken. Wenn ich von einem Zusammentreffen überrascht werde, muss ich meine Pitchs natürlich auswendig vortragen können.

## Zuschussverlage

Es gibt Verlage, die verlangen von ihren Autoren die Übernahme der bei einer Buchveröffentlichung entstehenden Kosten. Zum Beispiel für die Prüfung des Manuskripts, das Lektorat, das Gestalten eines Covers oder den Druck einer Auflage. Im Allgemeinen ist es üblich, dass Geld nur vom Verlag zum Autor fließt, nicht umgekehrt. Ich rate von einer Zusammenarbeit mit Zuschussverlagen ab. In der Buchbranche genießen solche Verlage einen zweifelhaften Ruf und durch die Möglichkeit des Self-Publishings gibt es mittlerweile bessere Alternativen.

**Urheberrecht**

Durch das Verfassen eines eigenen Textes wirst du in Deutschland automatisch zum Urheber. Du brauchst dein Urheberrecht nirgendwo anmelden. Ohne deine Zustimmung darf diesen Text niemand verwenden, verbreiten oder anderweitig nutzen. Das schließt natürlich auch die Nutzung fremder Texte durch dich selbst aus. Wenn du einen Text verwenden möchtest, den du nicht selbst verfasst hast, oder einen bereits verwendeten Buchtitel nutzen möchtest, brauchst du die Zustimmung vom Urheber oder seinen Erben oder Vertretern. Ich habe eine solche Erlaubnis für das Gedicht „Regenballade" von Ina Seidel eingeholt. Ina Seidel verstarb 1974, also wandte ich mich an ihre Erben und erhielt die schriftliche Genehmigung, die „Regenballade" in meinem Roman „Das Leben und Sterben des Jason Wunderlich" zu verwenden.

**Die Verbände**

Der „Verband deutscher Schriftstellerinnen und Schriftsteller" ist die Interessenvertretung für Autorinnen und Autoren der Gewerkschaft ver.di. Du kannst dich auf deren Homepage (https://vs.verdi.de) über die angebotenen Leistungen informieren.

Daneben existiert auch der freie deutsche Autorenverband (https://fda.de). Wenn du in einer Mitgliedschaft in einem der Verbände für dich einen Nutzen erkennen kannst, darfst du ihnen beitreten. Ich halte sie für seriös. Die Mitgliedschaft ist in beiden Verbänden allerdings nicht kostenlos.

**Bestseller**

Niemand weiß im Grunde genau, welche Voraussetzungen ein Buch garantiert zu einem Bestseller machen. Der Erfolg ist nicht vorhersagbar geschweige denn wiederholbar. Auf jeden Fall muss das Buch prominent beworben werden, sonst würde niemand davon wissen und keiner würde es kaufen. Großverlage verfügen über ein mächtiges Budget und können teure Kampagnen in den Medien starten. Der Inhalt des Buches muss das allgemeine Interesse der Leser treffen und es hilft, wenn die Autorin oder der Autor einen bekannten Namen haben. Großverlage sind hier erneut im Vorteil. Sie stellen ihre Bücher einfach in alle Buchläden und erreichen auf diese Weise schon mal tausende Kunden, die eine Buchhandlung betreten. Auch aktuelle oder kontrovers diskutierte Themen können zu einem Verkaufserfolg verhelfen.

Ungeachtet aller Unsicherheiten bleibt er der Traum der meisten Autorinnen und Autoren. Ein Bestseller. Aber was genau ist ein Bestseller? Dem Wortsinn nach ist es ein Buch, welches sich am besten verkauft hat. Dieses Superlativ „am besten" kann aber so absolut gar nicht stimmen, weil es viele Bestsellerlisten gibt und den Verfassern der Listen praktisch freigestellt ist, wie sie die grundlegenden Daten erheben, auswerten und welche Titel berücksichtigt werden. Diese Listen widersprechen sich sogar.

Das Wort „Bestseller" ist kein geschützter Begriff. Ein Bestseller kann zum Beispiel ein Buch sein, das die Verkaufsstatistik eines Verlags anführt. Auch ein Onlineshop kann einen Bestseller küren. Oder eine Buchhandlung oder die Messeverwaltung oder ich selbst. Mein persönlicher Bestseller ist das „Handbuch zur Rettung der Welt", es taucht auch im Onlineshop meines Verlags immer wieder mal als solcher auf. Es muss also nicht zwingend das am häufigsten verkaufte Buch in Deutschland oder gar in der Welt sein. Mir stellt sich die Buchbranche insgesamt derart intransparent dar, dass mir die Ermittlung eines Weltbestsellers gar unmöglich erscheint. Ich habe als Autor ja bereits größte Mühe damit, meine Tantiemen-Abrechnungen nachzuvollziehen, geschweige denn zu kontrollieren. Jegliche Verkaufsinformationen, die der Buchhandel oder die Verlage veröffentlichen, erscheinen mir persönlich wenig glaubwürdig. So stellte sich mir schon immer die Frage, ist ein Bestseller ein Bestseller bevor oder nachdem die Buchhandlungen ihre Remittenten zurückgeschickt haben? Erwarte also von einem Bestseller nicht gleich Reichtum. Die bereits erwähnte Taz titelte in ihrem Beitrag „Hungernde Poeten" mit dem Untertitel „Bestsellerautor mit 845 Euro netto". Freuen über die Bezeichnung des eigenen Buches als Bestseller darfst du dich aber trotzdem.

**Hilfe**

Zur Unterstützung der Arbeit von Autorinnen und Autoren gibt es zahlreiche und sogar kostenlose Angebote im Internet. Ich führe hier auch einige davon auf, die ich selbst nutze oder genutzt habe. Klar, dass diese Liste natürlich keinen Anspruch auf Vollständigkeit erhebt. Solltest du einen Vorschlag zur Erweiterung unterbreiten wollen, schreib mir einfach.

Die Self-Publisher-Bibel. Alles über Self-Publishing.
http://www.selfpublisherbibel.de
Besonders interessant sind die bereitgestellten Ergebnisse von Umfragen unter Self-Publishern, die Aufschluss über die Gegebenheiten in diesem Teil der Buchbranche geben.

Marketing-Leitfaden für Selfpublisher.
https://www.bod.de/autoren/autorenservices/marketingleitfaden.html
Weitere hilfreiche Downloads und Word-Satzvorlagen für Selfpublisher.
https://www.bod.de/hilfe/downloads.html
Cover-Berechnung.
https://www.bod.de/hilfe/coverberechnung.html

Online Rechtschreibprüfung.
https://www.duden.de/rechtschreibpruefung-online

Online Textprüfung.
http://www.blablameter.de

Online Textstil-Prüfung.
http://www.leichtlesbar.ch

Online-Synonymwörterbuch.
https://www.openthesaurus.de

Multilinguales Wörterbuch und Synonymdatenbank.
https://www.woxikon.de

Wörtliche Rede. Aufbau, Funktion, Zeichensetzung und Regeln.
http://www.wörtlicherede.de

Online-Wörterbuch.
https://de.wiktionary.org

Eine Liste der deutschen Buchblogger.
https://www.lesestunden.de/topliste

Freie Recherchedatenbanken.
https://de.wikipedia.org
https://de.wikisource.org
https://species.wikimedia.org
https://de.wikiquote.org

Freie Lehr- und Lernmaterialien.
https://de.wikiversity.org
https://de.wikibooks.org

Offene Presseportale.
https://www.openpr.de
http://www.firmenpresse.de
http://online-artikel.de

Autorenseite für Verkaufsrang, Verkaufszahlen und Rezensionen.
https://authorcentral.amazon.de

Generator für die Datenschutzerklärung auf Homepages.
https://datenschutz-generator.de

Generator für das Impressum auf Homepages.
https://www.e-recht24.de/impressum-generator.html

Benachrichtigungsdienst für Web-Ereignisse.
https://www.google.de/alerts
Hier kannst du zum Beispiel deinen Autorennamen oder Buchtitel eintragen und dir Nachrichten senden lassen, wenn Google Ereignisse findet, die mit dem von dir angegebenen Begriff oder Namen in Zusammenhang stehen. Das kann ein Online-Medienbericht sein oder eine erschienene Rezension.

Freies Content Managementsystem für die bequeme Erstellung einer Homepage inkl. Hosting.
https://de.wordpress.org

Bilddatenbanken für Covermotive.
https://pixabay.com
https://www.pexels.com
https://de.fotolia.com
https://stock.adobe.com
https://www.shutterstock.com

Selfpublishing-Verlage
https://kdp.amazon.com
https://www.bod.de
https://www.epubli.de
https://www.neobooks.com
https://tredition.de
https://www.twentysix.de

Berufsverbände
Freier deutscher Autorenverband.
https://fda.de
Verband deutscher Schriftsteller.
https://vs.verdi.de

Künstlersozialkasse (KSK)
https://www.kuenstlersozialkasse.de
Günstige Renten-, Kranken- und Pflegeversicherung für Künstler. Die Beiträge werden zur Hälfte von der KSK getragen und aus Zuschüssen des Bundes und aus Sozialabgaben von Unternehmen finanziert. Auf der Homepage wird ein Fragebogen zur Prüfung der Voraussetzungen einer Aufnahme und der Versicherungspflicht bereitgestellt.

Liste deutschsprachiger Literaturagenturen.
https://www.dsfo.de/dsfopedia/index.php/Agenturenliste

Liste deutschsprachiger Verlage.
https://www.dsfo.de/dsfopedia/index.php/Verlagsliste

**Gemeinschaft**

„Zusammen ist man weniger allein" lautet der Titel des wundervollen Romans von Anna Gavalda. Und weil sie mit ihrer These recht hat, sollten Autorinnen und Autoren hin und wieder Gesellschaft suchen. Wir sitzen ohnehin einen großen Teil unseres Lebens allein in der Schreibstube und werkeln an Texten. Damit auch wir ab und zu unter Leute kommen, treffen wir uns mit Gleichgesinnten in unserer Stadt oder im Internet. Dort können wir fachsimpeln, diskutieren und Hilfe erhalten.

Deutsche Schriftstellerforen:
https://www.dsfo.de
https://autorenforum.montsegur.de
https://www.autorenwelt.de/forum
https://www.wortkrieger.de
https://www.leselupe.de

Buch Community. Soziales Netzwerk für Leser.
https://www.lovelybooks.de
Nützlich, um den Kontakt zu Lesern zu suchen und mal zu schauen, was die Kollegen so schreiben und was deren Leser davon halten. Ich habe dort meine Kurz-Vita als Autor hinterlegt und mir zusätzlich ein Benutzerkonto eingerichtet.

Lovelybooks eignet sich auch zur Marktbeobachtung und Recherche. Dort werden unter anderem Listen geführt, die Bücher zu ausgewählten Themen, Trends und Genres enthalten.

Besonders interessant finde ich die Listen „ähnliche Bücher wie …". Deine Bücher sollten in den jeweiligen Listen eingetragen sein.

**Amazon**

Meine ersten E-Books habe ich über Amazon Kindle Direct-Publishing veröffentlicht, die Taschenbücher mithilfe von CreateSpace, einer Tochterfirma von Amazon. Mittlerweile wurden diese Dienste zu Amazon-Publishing zusammengeführt. Alles dort hat wunderbar funktioniert. Aber ich vermisste seinerzeit den Zugang zum stationären Buchhandel und anderen Onlineshops und E-Book-Readern in Deutschland. Der Vertrieb über Amazon war nämlich exklusiv. Meine E-Books und Taschenbücher waren bei anderen Buchhändlern nicht verfügbar. Außerdem benötigte man ein spezielles Lesegerät (Kindle), weil die E-Books in einem proprietären Format (mobi) vertrieben wurden. Weil Amazon ein amerikanisches Unternehmen ist, war es überdies notwendig, zur Erfüllung amerikanischer Steuervorschriften ein US-Steuerformular auszufüllen und einzusenden. Das empfand ich als etwas lästig. Deswegen wechselte ich zu einem deutschen Selfpublishing-Verlag, der meine Bücher wie ein klassischer Verlag veröffentlichte.

Amazon ist als starker Partner für Autorinnen und Autoren nicht zu unterschätzen. Aber der stationäre Buchhandel und all die anderen Onlineshops und E-Book-Reader (epub) sind mindestens ebenso wichtig für uns. Denke also darüber nach, ob du auf einen großen Teil des Marktes verzichten möchtest oder nicht. Die Bücher auf meinen bisherigen Tantiemen-Abrechnungen wurden nicht nur bei Amazon verkauft.

Ich nutze Author-Central von Amazon. Dieses Angebot richtet sich an Autorinnen und Autoren, deren

Bücher im Amazon-Onlineshop angeboten werden. Ich habe dort meine Kurzbiografie eingetragen. Ebenso ist es möglich, Fotos und Videos hochzuladen. Auf den Artikelseiten meiner Bücher blendet Amazon einen Hinweis auf meine Autorenseite ein. Das trägt zur Kundenbindung bei. Außerdem kann ich in Author-Central meine Bücher verwalten, meine Verkäufe bei diesem Händler zeitnah einsehen und das Ranking meiner Bücher verfolgen. Auch die eingehenden Rezensionen meiner Bücher werden dort angezeigt.

**Rezensionen**

Ich reagiere in der Öffentlichkeit grundsätzlich sehr zurückhaltend. Auf negative Aufmerksamkeit durch unangemessene Äußerungen oder gar Pöbeleien lege ich keinen Wert.

Eine negative Rezension für eines meiner Bücher zu erhalten ist ärgerlich, keine Frage, aber nachdem ein Buch veröffentlicht wurde, habe ich kaum noch Einfluss darauf, wie es besprochen wird. Besonders ungerecht finde ich Bewertungen wie „Ware nicht erhalten, nie wieder" oder „Falsches Buch erhalten, ging zurück" oder „Ich war auf der Suche nach einem anderen Buch". Hier wurde nicht das Werk beurteilt, sondern die Lieferqualität des Online-Shops und die eigene Unzulänglichkeit. Aus negativen Rezensionen spricht auch nicht selten der Frust, den der Verfasser zu diesem Zeitpunkt ganz allgemein empfunden hat. Vielleicht war er mit sich und dem Leben generell unzufrieden oder er wurde von seinem Partner verlassen, hat den Job verloren oder irgendein anderes Ereignis in seinem Leben führte am Ende dazu, dass er mal richtig Dampf ablassen wollte. Es war wahrscheinlich reiner Zufall, dass der Rezensent sich an jenem Tag ausgerechnet dieses Buch ausgesucht hat. Dann denke ich immer an den Fußball, der während eines Spiels in die ausverkauften Ränge des Stadions fliegt und einen Zuschauer am Kopf trifft. Und der schreit dann: „Wieso gerade ich?"

Alle negativen Rezensionen, die offensichtlich nichts mit meinem Text zu tun haben, ignoriere ich und kommentiere sie nicht. Aufmerksam hingegen sollte man sein, wenn der Rezensent sich mit dem Inhalt des Buches beschäftigt hat und nutzbringende Kritik übt. Dann nämlich verbirgt sich hinter einer kritischen Meinung auch die Chance, darauf zu reagieren und die gewonnenen Erkenntnisse in das nächste Manuskript einfließen zu lassen. Doch es gibt auch Trost. Auf kaum ein Buch eines prominenten Kollegen oder einer Kollegin fiel nur Lobgesang. Aber sie werden trotzdem verkauft. Denn Rezensionen tragen zwar dazu bei, dass ein Kunde sich für ein Buch interessiert, aber die Kaufentscheidung unterliegt vielen weiteren Faktoren. Die Meinung eines Einzelnen ist eben nur das, was sie ist, die subjektive Meinung eines einzigen Menschen.

Mir ist immer wieder aufgefallen, dass negative Rezensionen bei verschenkten Büchern häufiger vorkommen, als bei gekauften. Eine Gratis-Aktion für ein E-Book in einem Online-Shop ist zwar ein gern genutztes Marketing-Instrument, aber es zieht nicht nur an diesem Genre interessierte Leser an. Das Risiko, Schnäppchenjäger zu enttäuschen, ist groß und könnte in Rezensionen münden wie: „Hat mir nicht gefallen. Ich lese sonst kaum Krimis, lieber Liebesromane."

Ebenso wenig aussagefähig halte ich Beurteilungen von verschenkten gedruckten Büchern. Entweder fühlt sich der Beschenkte verpflichtet oder er erhält ein Buch, welches er sich selbst nicht gekauft hätte, und es gefällt ihm nicht.

**Werbung**

Ein Buch verkauft sich nicht, wenn niemand davon weiß. Werbung ist also unumgänglich. Autorinnen und Autoren, die nicht gerade zu den schillernden Selbstdarstellern gehören, tun sich oft schwer mit der Selbstvermarktung. Das war bei mir nicht anders. Ich war nicht als Entertainer angetreten, sondern wollte ein ernst zu nehmender Schriftsteller sein. Um Bücher zu schreiben, muss man eine nicht unerheblich lange Zeit an einem Schreibtisch sitzen und sich mit seinem Manuskript befassen. Unabhängig davon, wie viel der Verlag bereit ist an Marketingbudget in seine Autorinnen und Autoren zu investieren, wird von selbigen erwartet, dass sie sich an der Öffentlichkeitsarbeit beteiligen. Ein Leben in Zurückgezogenheit widerspricht dem in der Regel.

Ich habe im Kapitel „Marketing" schon beschrieben, welche Maßnahmen ich durchführe, wenn ein neues Buch von mir erscheint. Ich achte dabei auf die Dosis, die ich vertreten kann. Egal, zu welcher Werbemaßnahme ich mich entschließe, ich prüfe die damit zusammenhängenden Notwendigkeiten auf die Verträglichkeit mit meinen Bedürfnissen, Plänen und Zielen. Häufiges Posten von Aufnahmen meines Essens oder wo ich mich gerade aufhalte, lehne ich ab. Für tägliche Videobotschaften auf Youtube halte ich meine Arbeit als Autor für zu wenig ereignisreich. Lesereisen mit Monate langer Abwesenheit von dem Ort und den Menschen, die ich schätze, würden mich unglücklich werden lassen. Die schriftlichen Kontakte zu Lesern in sozialen Medien, Lesungen, Messebesuche und die Zusammenarbeit mit Buchhändlern, Bibliotheken, Zeitungen, Magazinen, Radio- und TV-Sendern hingegen sagen mir zu und ich leiste diese Arbeit gern. Ich kann nicht empfehlen, etwas zu tun, was einem im Grunde nicht gefällt, nur weil andere Menschen behaupten, es müsse sein. Denn dann trübt es die Freude an der Arbeit. Ich habe Kollegen, die sind nicht mal bei Facebook angemeldet, weil ihnen die Interaktion über das Internet nicht liegt. Andere wiederum wickeln ihr komplettes Marketing über ihr Smartphone ab und füllen ihre Social-Media-Accounts mit Fotos und Videos aus ihrem Privatleben.

Ich hinterfrage grundsätzlich, was eine Werbemaßnahme kosten darf. Unabhängig über welches Medium ich werbe, sollte eine realistische Chance bestehen, den finanziellen Einsatz über den Verkauf von Büchern wieder erlösen zu können (Return on Investment (ROI)). Klappt nicht immer, klar, aber es sollte das Ziel sein. „Was bringt mir das?", ist für mich die zentrale Frage. Denn die Tätigkeit als Autorin oder Autor sollte sich zumindest selbst finanzieren.

**Vom Schreiben leben**

Ich habe es bereits erwähnt, die wenigsten Literaturschaffenden können von ihrer Arbeit als Autorin oder Autor leben. Letztendlich aber entscheiden auch die persönlichen Lebensverhältnisse, die eigenen Ansprüche und die geleisteten Anstrengungen darüber, ob die eingenommenen Tantiemen ausreichen.

In meiner Beispielrechnung aus dem Kapitel „Reden wir über Geld" betragen die Tantiemen aus einem Verlagsvertrag 61 Cent für ein Taschenbuch und 60 Cent für ein E-Book. Um also etwa 2000 Euro brutto monatlich mit deinen Büchern zu verdienen, müsstest du jeden Monat mindestens 3300 Taschenbücher oder E-Books verkaufen. Wenn du Provisionen für eine Literaturagentur bezahlen musst, sogar noch mehr. Von den verbleibenden Einnahmen musst du deine Sozialabgaben (Krankenkasse, Pflegeversicherung, Altersvorsorge) bezahlen und Einkommensteuer an das Finanzamt abführen. Je nach Steuerklasse bleiben dir für Miete, Haushalt und was du sonst so bezahlen musst also rund 1300 Euro übrig.

Als Self-Publisher müsstest du Dank der höheren Tantiemen weniger als die Hälfte Bücher und E-Books im Monat verkaufen. Es gibt trotzdem nicht viele Kolleginnen und Kollegen, die das schaffen. Doch es gibt ja auch noch weitere Einnahmequellen. Wer alle Möglichkeiten nutzt, generiert Einnahmen aus E-Book-, Hörbuch- und Buchverkäufen, Lesungen, den Ausschüttungen der VG WORT und dem Verkauf von Nebenrechten. Je mehr Bücher man veröffentlicht, desto größer wächst die Chance, ein auskömmliches

Einkommen zu generieren. Wem das nicht ganz gelingt, der sucht sich vielleicht eine Teilzeittätigkeit, die nicht mit seiner Arbeit der Schriftstellerei kollidiert. Dieses Zweiteinkommen hilft dann über finanzielle Durststrecken hinweg, denn die genaue Höhe von Tantiemen-Ausschüttungen ist schwer vorherzusagen und die Zahlungen erfolgen oft unregelmäßig, im Falle von Nebenrechten in der Regel gar unvorhersehbar. Es gibt leider auch Werke, die erst nach dem Tod der Autorin oder des Autors wirtschaftlich erfolgreich sind. Natürlich nur für die Verwerter und gegebenenfalls existierende Erben. Das stimmt mich immer ein wenig traurig, denn für seine Arbeit sollte man zu Lebzeiten entlohnt werden. Im Jenseits muss man für seinen Lebensunterhalt nicht aufkommen, im Diesseits aber schon.

**Illegale Downloads**

Immer wieder mal werden wir Autoren auf gestohlene E-Books aufmerksam gemacht, die auf irgendwelchen kriminellen Internet-Seiten angeboten werden. Die Täter umgehen oder entfernen den Kopierschutz und bieten diese E-Books kostenlos zum Download an. In der Buchbranche wird in unregelmäßigen Abständen kontrovers diskutiert, wie man den illegalen Downloads begegnen sollte. Ich erfahre meistens durch Google-Alert von solchen Angeboten und ignoriere sie. Leser, die dort E-Books herunterladen, hätten sie ohnehin nicht bezahlen wollen und somit auch nie in einem seriösen Online-Shop bestellt. Es handelt sich also um Kunden, die ich mit meinem Angebot nicht erreichen kann. Ärgerlich sind natürlich ungerechte Rezensionen, die nach einem illegalen Download abgegeben werden. Leider gibt es aber bisher weder ein wirksames Mittel gegen diese Art der Piraterie, noch den politischen Willen, ernsthaft gegen die Betreiber der Homepages vorzugehen. Gegen Diebe ist jeder Besitzer einer Sache im Grunde genommen machtlos und das Internet macht es dieser Art von Kriminalität natürlich besonders leicht. Ich tröste mich damit, dass Bücher aus Papier ja auch an Freunde, Familienmitglieder oder Bekannte ausgeliehen werden, ohne dass die Autorinnen und Autoren davon finanziell profitieren.

**Worüber schreiben?**

Auf jeden Fall solltest du über etwas schreiben, was du kennst. Der Leser bemerkt schnell, wenn du dich auf unbekanntem Boden bewegst. Deine Beschreibungen werden dann nämlich weniger genau, im schlimmsten Fall stellst du Sachverhalte falsch dar. Verschaffe dir also Wissen über fremde Fachgebiete zumindest durch eine gründliche Recherche. Ich entdecke immer wieder fachliche Mängel in Büchern, die ich lese, wenn der Autor Sachverhalte aus der IT-Branche, der Gastronomie oder aus dem betriebswirtschaftlichen Bereich unzutreffend darstellt. Das sind meine Fachgebiete, da kenne ich mich aus. Für meine Krimiserie hingegen musste ich gewissenhaft recherchieren. Die Arbeit der Polizei war mir zuvor nahezu unbekannt. Für mein „Handbuch zur Rettung der Welt" ermittelte ich anhand von Büchern über Überlebenstraining, wie man unter schwierigen Bedingungen in freier Natur überlebt. Und für „Das letzte Leuchten vor dem Winter" las ich Reiseführer über das bis dahin für mich fremde Finnland. Natürlich kannst du auch reisen und vor Ort recherchieren. Recherche ist also immer auch Weiterbildung für Autorinnen und Autoren. Du wirst daran wachsen, dein Blick wird sich weiten. Wozu du dich auch am Ende entscheidest, die Arbeit am Text sollte deinen Leidenschaften entsprechen. Denke daran, wozu Dieter Meier von Yello geraten hat. Deine Arbeit soll Spaß machen. Wenn du Freude an Kindern hast, schreibe Bücher für sie. Wenn du Welten entwerfen möchtest, versuche es im Genre Fantasie und wenn dich Geschichte interessiert, verfasse einen Historien-Roman. Die Leser werden deine Begeisterung für ein Thema spüren und dankbar teilen. Nur wer selbst brennt, kann ein Feuer in anderen Menschen entfachen.

**Wirkung**

Jedes Buch hinterlässt bei seinen Lesern eine Wirkung. Positiv oder negativ. Manche Bücher wirken sogar auf eine ganze Gesellschaft (Karl Marx – „Das Kapital").

Was immer du also schreibst und veröffentlichst, sei dir der damit verbundenen Verantwortung bewusst. Recherchiere sauber. Verbreite keine Lügen. Achte die Urheberrechte anderer Autorinnen und Autoren und wahre die Persönlichkeitsrechte von Menschen. Arbeite nach bestem Wissen und Gewissen und bedenke, dein Buch wird dich und deine Nachkommen vielleicht überleben. Es wirkt dann womöglich für eine lange Zeit weit über deinen Tod hinaus.

**Leserbriefe**

Auch du selbst hinterlässt eine Wirkung. Das geschieht unweigerlich bei jedem öffentlichen Auftritt oder sobald du Leserbriefe beantwortest.

Ich halte es in beiden Fällen für geboten, einen höflichen und besonnenen Eindruck zu hinterlassen. Egal wie kontrovers der Inhalt deines Buches diskutiert werden könnte, halte dich zurück und wirke ausgleichend. Vielleicht bist du es von deinem privaten Leben nicht gewohnt, aber als Autorin oder Autor wirst du von den Menschen anders wahrgenommen. Deine Aussagen erhalten mehr Gewicht. Manche deiner Leser möchten sich an dir orientieren. Daraus erwächst eine Verantwortung. Zustimmung wird dir schmeicheln, Widerspruch hingegen ist weniger angenehm. Trotzdem solltest du für deine Reaktion das Verbindende und Versöhnende suchen. Wenn deine Persönlichkeit als unangenehm oder dein Auftreten als unangemessen wahrgenommen wird, wird sich das auf deinen Erfolg auswirken. Literaturschaffende werden in der Bevölkerung als Intellektuelle angesehen und man erwartet von ihnen vorbildliches Verhalten, und der eine oder andere fühlt sich zur Nachahmung aufgefordert.

Bei meinem Kontakt mit Menschen erinnere ich mich immer wieder der Pflicht, die aus meiner Mitgliedschaft im ehrwürdigen Kreis der vielen von mir geschätzten Schriftstellerinnen und Schriftstellern erwächst, und handele entsprechend zurückhaltend. Schließlich möchte ich den von mir überaus geschätzten Berufsstand ehren und ihm nicht schaden.

Mein Umgang mit Lesern oder dem Publikum auf Lesungen oder Messen ist freundlich, aufrichtig und achtsam. Ich gestehe jedem Menschen sein individuelles Maß an Bildung und persönlicher Entwicklung zu und schaue nicht auf ihn herab. Ich beantworte gewissenhaft an mich gerichtete Fragen und gestatte auch den unmittelbaren Kontakt zu mir, wenn mein Terminkalender es zulässt.

Als Autorin oder Autor hast du großen Einfluss auf Menschen. Sei dir dessen bewusst und handele entsprechend.

**Pseudonym**

Ob du unter deinem Familiennamen schreiben möchtest oder lieber ein Pseudonym verwendest, musst du selbst entscheiden. Zur Wahl stehen das offene Pseudonym, bei dem es kein Geheimnis ist, wer sich dessen bedient, und ein geschlossenes Pseudonym, bei dem verheimlicht werden soll, wer sich dahinter verbirgt.

Gründe für ein Pseudonym gibt es viele. Schutz der Privatsphäre, Schutz vor Anfeindungen oder weil einem der eigene Name nicht gefällt oder weil er schwer auszusprechen ist. Vielleicht möchtest du auch nicht als Genre-Autor arbeiten und auch mal etwas anderes schreiben, als du bis dahin veröffentlicht hast. Joanne K. Rowling schreibt zum Beispiel unter dem Pseudonym „Robert Galbraith" Krimis, die aber bisher hinter dem grandiosen Erfolg ihrer Harry Potter-Romane zurückblieben. Damit offenbaren sich gleich zwei Probleme, die bei der Verwendung eines Pseudonyms auftreten können. Der Leser nimmt eine Autorin oder einen Autor nur in einem Genre wahr und folgt ihm bei einem Genrewechsel nicht. Diese Sorge könnte im betreffenden Fall ein Grund für die Wahl eines Pseudonyms gewesen sein. In unserem Beispiel bediente sich die Autorin eines männlichen Namens, vielleicht in dem Glauben, ihr Pseudonym sicherer verdecken zu können oder weil sie hoffte, dass sich Krimis unter einem männlichen Autorennamen besser verkaufen. Trotzdem halte ich die Wahl des Namens „Robert Galbraith" für unglücklich, weil er sich außerhalb des angelsächsischen Sprachraums aufgrund des

„th" für viele Menschen schwer aussprechen lässt. Das zweite Problem betrifft die Geheimhaltung eines verdeckten Pseudonyms, die auch im Fall von Joanne K. Rowling gescheitert ist, worüber sie Medienberichten zufolge sehr erbost war.

Ich habe mich bis jetzt gegen ein Pseudonym entschieden, weil ich nicht davon überzeugt bin, es geheim halten zu können. Im Berufsalltag würde mein Deckname vielen Menschen offenbart werden müssen, zum Beispiel gegenüber den Mitarbeitern im Verlag, und es gibt gesetzliche Bestimmungen, die eine Verwendung eines Pseudonyms gar nicht zulassen. Im Impressum meines Buches oder auf meiner Homepage darf ich zum Beispiel ein Pseudonym nicht verwenden. Natürlich gibt es immer Mittel und Wege seine Identität für gewisse Zeit zu verheimlichen, aber das wäre mir zu anstrengend. Schließlich veröffentliche ich keine kontrovers zu diskutierenden Thesen, sondern bediene überwiegend das unterhaltende Genre Belletristik. Für Leser, die meinem Genrespagat nicht folgen mögen, habe ich Verständnis und freue mich zugleich über jene, die gerne mal „querlesen".

**Mantras**

Bei allem was ich in meinem Leben begonnen oder beendet habe, stieß ich auf Meinungen von anderen Menschen. Die meisten zweifelten an meinen Plänen. Vielleicht aus Angst vor der Herausforderung oder aus Neid, weil sie es selbst nicht wagten, ihren Träumen zu folgen. Möglicherweise fürchteten sie sich aber auch vor der Veränderung. Das bekannte Elend ist ja manchen Menschen lieber als sich auf etwas Neues einzulassen. Ich weiß es nicht. Ich folgte unbeirrt meiner Überzeugung und in den Momenten des Selbstzweifels erinnerte ich mich an Leitsätze, an denen ich mich wieder aufrichten konnte. Falls es dir auf deinem Weg zur Autorin oder zum Autor einmal ähnlich ergehen sollte, findest du nachfolgend vielleicht das passende Mantra für dich.

Wer neue Wege gehen möchte, muss die ausgetretenen Pfade verlassen.

Wie erreiche ich mein Ziel?
Beginne sofort. Tu was du kannst. Nutze was du hast.

Wie begegne ich dem Zweifel?
Der Mann, der den Berg versetzte, war der gleiche, der die ersten Steine davon trug.
Und, es gibt mehr Menschen die kapitulieren, als scheitern.

Oder, ob du glaubst, dass du es kannst oder ob du glaubst, dass du es nicht kannst, du wirst recht behalten.

Wenn mal was nicht so läuft, wie du es dir gewünscht hast. Ändere, was Du ändern kannst. Akzeptiere, was Du nicht ändern kannst. Lerne, beides voneinander zu unterscheiden.

Und denke daran, es wird selten so schön, wie wir es uns wünschen, aber es kommt auch selten so schlimm, wie wir befürchten.

Wie erlange ich Zufriedenheit?
Wichtiger als zu wissen, was du willst, ist zu wissen, was du brauchst.

Und zu guter Letzt. Hör nicht was die anderen sagen, handele stets nach deiner Pflicht. Gott wird nicht die anderen fragen, wenn er dir dein Urteil spricht.

**Kontakt**

Auf den folgenden Seiten befindet sich ein wenig Werbung für meine Bücher, so, wie ich es dir im Kapitel „Verlag oder nicht?" bereits beschrieben habe.

Auf der letzten Seite findest du die Internet-Adresse meiner Homepage. Schau dich dort um. Du findest Beispiele für Pressemitteilungen und Werbeanzeigen. Nutze die Kontaktmöglichkeiten dort und vernetze dich.

Ich würde mich freuen, von dir zu hören.

Wir lesen uns ...

Weitere Bücher von Michael E. Vieten

## Handbuch zur Rettung der Welt
Band 1, Roman
Ein Roman über ein großes Abenteuer, verzweifelte Hoffnung, grenzenlose Zuversicht und aufrichtige Freundschaft.

## Handbuch zur Rettung der Welt - Mila
Band 2, Roman
Milas Reise geht weiter. Sie lässt ihren Freund Josh zurück und setzt ihre Suche nach dem rettenden Hochtal fort. Band 2 der Trilogie um ein großes Abenteuer, verzweifelte Hoffnung, grenzenlose Zuversicht und aufrichtige Freundschaft.

## Handbuch zur Rettung der Welt - Josh
Band 3, Roman
Josh führt seine Gefährtinnen in die rauchenden Ruinen einer Stadt. Neue Freunde begleiten ihn, andere blieben zurück. Band 3 der Trilogie um ein großes Abenteuer, verzweifelte Hoffnung, grenzenlose Zuversicht und aufrichtige Freundschaft.

## Handbuch zur Rettung der Welt - Trilogie
Band 1-3
Roman-Trilogie über ein großes Abenteuer, verzweifelte Hoffnung, grenzenlose Zuversicht und aufrichtige Freundschaft.

Das letzte Leuchten vor dem Winter
Roman
Ein Roman über die große Liebe, die Vergänglichkeit des Seins und die Macht des Schicksals.

Unheimliche Begegnungen - Aus der Zwischenwelt
Mystery-Erzählungen
10 Erzählungen von Menschen aus dem Diesseits mit Begegnungen aus dem Jenseits.

Das Leben und Sterben des Jason Wunderlich
Roman
Ein Roman über die Last des Lebens, unerfüllte Träume und verlorene Hoffnung.

## Tatort Trier

Atemlos – Beim Sterben ist jeder allein
Kriminalroman
Ein einsamer Kommissar aus Trier jagt einen gefährlichen Serienmörder.

Atemlos – Von des Todes zarter Hand
Kriminalroman
Eine Ballade. Eine „Bonnie & Clyde-Geschichte". Ein rasanter Krimi aus Trier.

Die Fortsetzung der Atemlos-Bände im acabus-Verlag.

### Christine Bernard - Der Fall Siebenschön
Kriminalroman
Ein spannender Psychokrimi nicht nur für Genre-Fans.

### Christine Bernard - Das Eisrosenkind
Kriminalroman
Ein neuer Fall voller Hoffnung, Glaube und Irrtum für Kommissarin Christine Bernard.

### Christine Bernard - Der unsichtbare Feind
Kriminalroman
Ein Cyberkrimi über einen Kampf mit ungleichen Waffen im Zeitalter der Digitalisierung. Aktuell, verstörend, hochspannend.

### Christine Bernard – Die Legende vom bösen Wolf
Kriminalroman
Von der Angst und der Gier. Eine junge Kommissarin ermittelt unter Lämmern und Wölfen.

Frieden finden –
Auf dem Weg zum persönlichen Glück
Bildband
43 Fotografien und Aphorismen.
Gebundene Ausgabe. 92 Seiten.
Fotopapier seidenmatt.

Folge mir. Wir gehen ein Stück. Gemeinsam. Wir folgen dem Rhythmus unserer Schritte und finden Ruhe und Achtsamkeit. Wir lauschen dem Flüstern unserer inneren Stimme, die wir im Lärm des Alltags nicht hören können und finden unser Glück in der Zufriedenheit.

Ein besinnlicher Spaziergang durch die Jahreszeiten. Ein Geschenkbuch, ein Bildband, ein Fotobuch, ein Ratgeber. Ein Übungsbuch oder einfach nur ein Buch für alle Suchenden, die innehalten und sich einen Moment Zeit für sich selbst nehmen möchten.

Zum selber lesen und verschenken an einen lieben Menschen.

Vielen Dank, dass du dich für dieses Buch entschieden hast.

Michael E. Vieten. Jahrgang 1962. Aufgewachsen in Düsseldorf und Ratingen. Den Großteil seines Lebens verbrachte er im Norden Deutschlands. Er lebt und arbeitet heute im Hunsrück mit Blick auf den Hochwald.

Schreibt seit seiner Jugend. Überwiegend Prosa und Lyrik, Romane und Erzählungen, am liebsten Balladen über die kleinen und großen Dramen im Leben von Menschen. Freut sich immer sehr darüber, wenn er seinen Lesern etwas mitgeben konnte für ihre eigene Reise durch die Zeit.

Mehr Informationen über den Autor und seine Arbeit unter: www.mvieten.de